"STR"课堂教学研究

"STR" KETANG JIAOXUE YANJIU

魏义华◎著

长江出版传媒 | 湖北人民出版社

图书在版编目(CIP)数据

"STR"课堂教学研究 / 魏义华著.—武汉：湖北人民出版社，2021.7

ISBN 978-7-216-10243-8

Ⅰ.①S… Ⅱ.①魏… Ⅲ.①课堂教学－教学研究－高中 Ⅳ.①G632.421

中国版本图书馆CIP数据核字(2021)第134711号

责任编辑:刘　玉
封面设计:张　弦
责任校对:范承勇
责任印制:杨　锁

出版发行:湖北人民出版社　　　　　　地址:武汉市雄楚大道268号
印刷:武汉首壹印务有限公司　　　　　邮编:430070
开本:787毫米×1092毫米　1/16　　　印张:11.25
字数:151千字　　　　　　　　　　　插页:2
版次:2021年7月第1版　　　　　　　印次:2021年7月第1次印刷
书号:ISBN 978-7-216-10243-8　　　　定价:65.00元

本社网址：http://www.hbpp.com.cn
本社旗舰店：http://hbrmcbs.tmall.com
读者服务部电话：027-87679656
投诉举报电话：027-87679757
(图书如出现印装质量问题，由本社负责调换)

序　言

2020 年 7 月 7 日，教育部公布普通高中新课程新教材实施国家级示范区、示范校名单。全国共确定了 32 个示范区和 99 个示范校。其中，湖北省武汉市被确定为示范区，湖北省武汉市常青第一中学（以下简称"常青一中"）被确定为普通高中新课程新教材实施国家级示范校。

新课程新教材的实施对学校教育教学提出了新的要求，需要学校去探索新型的课程、新型的教与学、新型的师资建设以及新型的管理机制。基于对人才培养模式变革的思考，2017 年 9 月，常青一中提出建设"研究型学校"的发展思路，通过创设研究型课程，培养研究型教师，培育研究型学生，打造研究型文化，探索研究型教育教学新路径，为学生的终身学习、教师的专业发展提供更广阔的平台。

在课程体系方面，常青一中构建了由国家核心课程、学科拓展课程和自主学习课程三个部分组成的研究型课程体系。国家核心课程主要安排必修和必选课程，注重学生基础学力的培养；学科拓展课程主要根据新高考中必选学科（语数外）的需要，因学科而异安排拓展课程；自主学习课程主要是让学生以小组合作方式进行自主性、探究性学习，培养学生发现问题与解决问题的能力，让学生在实践与探究的过程中夯实文化基础，促进自主发展。

在研究型课程体系的框架下，具体到每一堂课，又应如何将"研究"的理念渗透其中？常青一中通过打造研究型学习课堂，培养学生能够适应

终身发展和社会发展所需要的必备品格和关键能力。

"STR"课堂教学模式是常青一中在实践中摸索出的研究型课堂的具体实践模式。"STR"中的"S"和"T"分别代表学生（Student）和教师（Teacher）两大课堂主体，"R"既表示课堂的研究（Research）特色，也表示学校数据中心为课堂教学提供的资源（Resource）支撑。"STR"课堂教学模式包含五个环节，即自主学习（质疑存难）—小组合作（互教互学）—展示交流（答疑解难）—尝试应用（形成技能）—达标检测（总结反馈）。这一课堂教学模式旨在强化教师作为教学的组织者、引导者、合作者的角色地位，突出学生的主体性，强调学生的自主学习和合作学习。

作为教育事业的参与者，我深知学校推进教育改革的不易，常青一中敢于做育人方式的先行者，回归教育初心，构建以学生的学习为中心的研究型课堂，从最初的顶层设计到开展改革实验，再到全面推进实施，它们的改革之路走得踏实而坚定！正因为如此，它们的改革得到了学校教师、学生、家长乃至教育同行的普遍认可，教育教学质量不断提升，学校也因此获得了长足的发展。有改革的良好基础，有对教育理想的不懈追求，相信常青一中的未来一定会越来越美好！

2021 年 5 月 26 日

目　　录

第一章 "STR"课堂教学模式解读

第一节 "STR"教学模式提出的背景和动因

一、落实普通高中育人方式改革的政策要求

《国家中长期教育改革和发展规划纲要（2010—2020 年）》针对高中教育特别提出，要注重培养学生自主学习能力，积极开展研究性学习，提高学生综合素质。2019 年 6 月 11 日，国务院办公厅发布《关于新时代推进普通高中育人方式改革的指导意见》（国发办〔2019〕29 号），就推进普通高中教育育人方式改革、全面提升教育质量进行了全面部署、科学规划和系统设计，并对"深化课堂教学改革"提出了具体的要求，目标十分明确，即培养学生学习能力，促进学生发展。该文件也为新时代背景下开展课堂教学创新指明了行动方向，即要"积极探索基于情境、问题导向的互动式、启发式、探究式、体验式等课堂教学，注重加强课题研究、项目设计、研究性学习等跨学科综合性教学，认真开展验证性实验和探究性实验教学"。两份文件一脉相承，都对学生的自主学习能力培养和教师开展探究式教学和研究性学习提出了要求，也对普通高中学校实施课堂教学改革奠定了基本框架。

二、促进学校高质量发展的现实需要

在"欣赏为美，自主发展"的办学理念引领下，武汉市常青第一中学一年一个台阶，发展迅速。在相继获得市级示范高中和省级示范高中之后，学校着眼学生未来发展需要，提出了建设研究型学校的特色发展目标，旨在通过特色创建促进学生自主成长，促进教师专业发展，进而带动学校实现新的跨越式发展。我们所指的"研究"并不等同于"做课题""写论文"，而是指通过探索解决学习上的困惑和工作中的问题，以发现知识、满足好奇、追求真理，并最终获得成长的一种工作和学习方式。

学校制订了《武汉市常青第一中学关于建设研究型学校的实施方案》，明确了创建特色学校的思路和目标。其总体思路是：在"欣赏为美，自主发展"办学理念的引领下，着眼学校特色发展，以立足校本、聚焦实践、多方参与、扎根教学为原则，以项目推进为抓手，在文化建设、队伍建设、课程建设、课堂建设、活动建设等方面突出研究特色，以课标、考纲、教材、课堂研究为载体，构建研究型教育教学工作体系。最终目标是：发展学生核心素养，培养具有科学精神、创新意识和实践能力的新一代人才，树立"切问笃学 立德雅行"的良好学风；促进教师专业发展，形成"精研尚思德美育人"的良好教风。

落实研究型学校建设，关键在课堂。为此，学校决定实施课堂教学改革，推行"STR"课堂教学模式，建设研究型学习课堂，力争用两年左右的时间初步形成具有我校特色的教学模式，全面提升学生素质，办人民满意的教育。

学校实施研究型学习课堂（"STR"课堂）教学模式改革的目标是：通过建立科学高效的课堂教学模式，彻底改变不合理的课堂教学形态，提高课堂教学质量；使教师素质得到进一步提高，适应基础教育课程改革与发展的要求；使全体学生自主发展、和谐发展，培养学生的自信心、自学能力、团队精神、自我管理能力、强烈的求知探索能力、出色的语言和口头表达能力,为学生终身发展奠定基础;使学校教学管理真正做到精细化和高效率,逐步建立具有我校特色的基于学科核心素养的"STR"课堂教学评价标准和考核体系。

第二节 "STR"教学模式的内涵特点

构建"STR"课堂教学模式,建设研究型学习课堂,是我校研究型学校建设的主要内容,也是建设高效课堂,促进教师专业发展和学生自主成长的客观要求。"STR"课堂教学模式中的"S"和"T"分别代表学生(Student)和教师(Teacher)两大课堂主体,"R"既表示课堂的研究(Research)特色,也表示我校数据中心为课堂教学提供的资源(Resource)支撑。"STR"课堂教学模式旨在强化教师作为教学的组织者、引导者、合作者的角色地位,突出学生的主体性,构建学习中心课堂。

实施"STR"课堂教学的主要目标是培养学生的自信心、自学能力、团队精神、自我管理能力、强烈的求知探索能力、出色的语言和口头表达能力,为学生的终身学习和长远发展奠定坚实基础。

一、"STR"课堂教学模式的操作流程

"STR"课堂教学环节有五个,即:自主学习(质疑存难)、小组合作(互教互学)、展示交流(答疑解难)、尝试应用(形成技能)、达标检测(总结反馈)。其中自主学习、达标检测在课堂以外的时间落实。在课堂教学环节上主要是小组合作、展示交流、尝试应用等三个环节。

（一）课前环节：自主学习

教师提前 1～2 天（视情况而定）发放编制好的导学案、导练案，习题课下发任务单，并提出具体的自学要求。学生依照导学案对新课内容进行认真自学。要求所有学生必须解决导学案、导练案中的基础部分，对于有一定难度、个人自学无法解决的问题，或在自学过程中发现和提出的新问题要做好标记，以备在下一个环节中解决。学生要自觉、主动、独立完成导学案、导练案。教师要鼓励学生在自学过程中发现问题，善于质疑存难。教师在上课前要批改学生的导学案、导练案，了解学生的自学情况，进行二次备课，为下一个环节的顺利实施做好准备。

（二）课堂环节：小组合作、展示交流、尝试应用

课堂环节	时间	教师要求	学生要求
小组合作	5 分钟	①反馈导学案、导练案完成情况 ②布置课堂教学任务及展示内容 ③强调展示环节的要求 ④观察小组讨论情况，优化预设环节	①组内合作，交流讨论 ②商定展示发言人
展示交流	30 分钟	①及时提醒上台展示的学生注意的细节（如台风、语言、板书等） ②及时对展示学生进行评价，多鼓励、多表扬 ③对学生讲解不清楚的问题给予点拨和帮助 ④适当拓展	①主动参与，大胆展示 ②注意倾听，做好笔记 ③积极交流，敢于质疑
尝试应用	5 分钟	①小结，梳理知识框架，强调重难点 ②查看学生练习情况 ③布置课后任务	独立完成课堂练习

（三）课后环节：达标检测

每堂课的学习效果都要通过导练案的方式进行达标检测。导练案要

求学生独立完成,教师逐个进行批改。备课组要提前 1 周集体商议,确定导练案。

二、"STR"课堂教学模式的主要特点

(一)互动式、探究式的课堂教学

在小组合作环节,学生以小组为单位,进行合作学习。组长按照教师的导学案、任务单开展组内交流。对于个人自学当中存在的疑难问题或产生的新问题,通过小组互教互学给予解决,解决不了的,记录下来,留待下一环节解决。这个过程要求小组内成员互动、师生互动,教师要适时掌握小组合作学习的实施情况以及疑难问题,并给予及时指导和点拨。在此过程中,要注重培养学生的合作意识和探究精神,使小组成员互教互学,共同进步,同时鼓励学生通过小组合作学习,生成新的问题,为下一步拓展提升做好准备。

展示交流环节,各小组汇报合作学习的情况,阐述自己的观点和见解,提出本组在合作学习过程中遗留的疑难问题和生成的新问题。其他组的同学可以给予解答,教师给予适当的点拨,将学生的思维引向深入,达到拓展提升的目的。

(二)主动建构的学习过程

"STR"课堂教学模式遵循"三结合"原则,即学习知识与发展能力相结合、教师主导与学生主体相结合、自主学习与合作学习相结合。其核心要求就是:通过学生个人自学解决学生能力范围内的问题;通过小组合作学习和师生互动解决疑难问题。突出强调学生的自主学习和合作学习,充分体现了"自主、合作、探究"这一新课程理念。

在"STR"课堂教学模式下,无论是课上的小组合作、展示交流、尝

试应用，还是课下的自主学习、达标检测，学习的主角始终都是学生。课堂上，师生通过集体交流互相启发，不断巩固学生对知识的理解和掌握。教师对学生的展示交流进行适当的、合理的点拨和引导，将之引向深入。对存在的问题和疑点、难点，师生合作共同研究解决。教师引导学生从各个角度作进一步探索、分析，激发求异动机，找出自己的思维障碍，分析其原因，走出困境。在生生、师生互动过程中，学生完成了对知识的主动建构，而对于难点问题和全班学生出现的共性问题，教师可进行适当的讲解。

（三）多维度的教学评价

评价是促进教师"教"和学生"学"的重要手段，也是课堂教学必不可少的一个环节。"STR"课堂教学模式下的教学评价遵循科学的评价原则，将学生自评、互评和教师评价有机结合，从四个维度开展教学评价：

（1）学生自评：在导学案中设置学生自评栏目，一个学习内容结束后，学生对自己学习探究过程中的成绩与不足以及学习方法、学习态度等方面进行自我评价。

（2）组内互评：体现在第二个环节，即在分组合作学习中，组内成员间的相互评价。

（3）组间互评：在展示交流环节中，组际之间的相互评价，体现协作中的竞争和竞争中的协作。

（4）教师评价：包含两方面的评价，一是课堂上的总结式评价，体现教师的主导作用。二是对各小组的表现进行及时评价，并进行记录，为将来的班级、年级和学校评价提供原始依据。

三、学习小组课堂评价量表解读

（一）学习小组课堂评价量表

组 别	完成学案 （满分5分）	合作讨论 （满分5分）	展示成果 （满分5分）	点评质疑 （满分5分）	加分项 （满分5分）	总分
第一组						
第二组						
第三组						
第四组						
第五组						
第六组						

此表为各学科通用评价量表，按小组进行评价，根据课堂流程主要分为完成学案、合作讨论、展示成果、点评质疑四个环节，另外设有加分项，各环节满分5分。

（二）各环节评分细则

1. 完成学案

（1）小组各成员是否按时上交学案。

（2）是否独立、自主地完成学案。

（3）解题是否正确、规范、详尽。

表现优秀小组给满分5分，反之酌情扣分。

2. 合作讨论

（1）小组各成员全员参与，不做与讨论无关的事。

（2）小组各成员间分工明确，不互相推诿。

（3）讨论热烈、有序、深入。

（4）讨论有效，形成初步的展示成果或提出质疑意见。

（5）与教师有良好的互动。

表现优秀小组给满分5分，反之酌情扣分。

3. 展示成果

（1）展示方式科学、高效。

（2）展示速度快，不拖拉费时。

（3）板书字迹端正、清晰美观。

（4）展示的内容正确规范、详略得当。

表现优秀小组给满分5分，反之酌情扣分。

4. 点评质疑

（1）发言声音响亮，姿态大方自然。

（2）发言语言简洁、流畅，突出重点。

（3）发言不依赖工具书，争取脱稿。

（4）与其他学生有良好的互动，能够吸引大家的注意力。

（5）勇于质疑，正确有效地进行修订、完善、补充，或者提出了有价值的问题。

表现优秀小组给满分5分，反之酌情扣分。

5. 加分项

（1）在以上细则中任何一点或几点上表现特别优秀，在该环节给分的基础上仍可以适当加分。

（2）小组成员参与面广，不同层次、不同特点的学生团结协作，表现出良好的精神面貌。

（3）各小组展示、点评、质疑的任务不集中在某一两位学生身上，每位小组成员都能积极主动承担展示、点评、质疑任务。

（4）任课教师认为值得肯定和发扬的特色、亮点与做法。

加分项每次给分 1 ～ 2 分不等，一个小组在一节课内加分项最高不超过 5 分。

（三）量表使用方法

1. 量表为各年级各学科全体教师共同使用的通则

（1）统一格式上墙。

（2）分值设置固定，每项给分区间固定为 0 ～ 5 分。

（3）统一使用配套的班级记载表。

（4）小组得分为评选优秀学习小组的主要依据。

常青一中学习小组课堂评价量化班级每日登记表

班级：_____　时间：_____　值日生：_____

	第一组	第二组	第三组	第四组	第五组	第六组	总计
语文							
数学							
外语							
物理（政治）							
化学（历史）							
生物（地理）							
总计							

2. 量表根据实际可以灵活地使用

在保证同一时段内各小组得分机会均等的前提下，可以灵活使用量表。

（1）打分环节灵活。每节课不必强求给每个环节给分，可以根据学习目标、情况对其中一个或几个环节有重点、有针对性地给分。

（2）打分标准灵活。给分不必对评分细则面面俱到地考量，可以根据细则中的一项或几项给分。

（3）打分者灵活。一般由任课教师给分，也可师生共同给分或指派学生给分。

第三节 "STR"教学模式的理论基础

一、建构主义理论

（一）建构主义的知识观

建构主义一般强调，知识并不是对现实的准确表征，它只是一种解释、一种假设，它并不是问题的最终答案。相反，它会随着人类的进步而不断地革新，并随之出现新的假设；而且，知识并不能精确地概括世界的法则，在具体问题中，我们并不是拿来便用，一用就灵，而是需要针对具体情境进行再创造。

建构主义还认为，知识不能以实体的形式存在于具体个体之外，尽管我们通过语言符号赋予了知识一定的外在形式，但这并不意味着学习者会对这些命题有同样的理解，因为这些理解只能由个体学习者基于自己的经验背景而建构起来，这取决于特定情境下的学习历程。建构主义的这种知识观向传统的教学和课程理论提出了巨大挑战，值得我们深思。按照这种观点，课本知识只是一种关于各种现象的较为可靠的假设，而不是解释现实的"模板"。科学知识包含真理性，但不是绝对正确的最终答案，它只是对现实的一种更可能正确的解释。而且，更重要的是，这些知识在被个体接受之前，对个体来说是毫无权威可言的，不能把知识作为预先决定了的东西教给学生，不能用科学家、教师、课本的权威来压服学生，学生对知识的"接受"只能依靠他自己的建构来完成。学生的学习不仅是对新知识的理解，而且是对新知识的分析、检验和批判。另外，在各种情况下，知识应用并不是简单套用，具体情境应有自己的特异性，所以，学习知识不能满足于教条式的掌握，而是需要不断深化，使学生走向"思维中的具体"。

（二）建构主义的学习活动观

建构主义认为，学习不是知识由教师向学生的传递，而是学生建构自己的知识的过程，学习者不是被动的信息吸收者，相反，他要主动地建构信息的意义，这种建构不可由其他人代替。学习是个体建构自己的知识的过程，这意味着学习是主动的，学习者不是被动的刺激接受者，他要对外部信息做主动的选择和加工，因而不是行为主义所描述的"刺激—反应"过程。而且，知识或意义也不是简单地由外部信息决定的，外部信息本身没有意义，意义是学习者在新旧知识经验间反复的、双向的相互作用过程中建构的。其中，每个学习者都以自己原有的经验系统为基础对新的信息进行编码，建构自己的理解，而且，原有知识又因为新经验的进入而发生调整和改变。所以学习并不是简单的信息积累，它同时包含由新旧经验的冲突而引发的观念转变和结构重组；学习过程并不是简单的信息输入、存储和提取，而是新旧经验之间双向的相互作用过程。

（三）建构主义的学生观

建构主义强调，学习者并不是空着脑袋走进教室的，在日常生活中，在以往的学习中，他们已经形成了丰富的经验，小到身边的衣食住行，大到宇宙、星体的运行，从自然现象到社会生活，他们几乎都有一些自己的看法。而且，有些问题即使他们还没有接触过，没有现成的经验，而问题一旦呈现在面前时，他们往往也可以基于相关的经验，依靠他们的知识能力，形成对问题的某种解释。这并不是胡乱猜测，而是从他们的经验背景出发推出的合乎逻辑的假设。所以，教学不能无视学生的这些经验另起炉灶，从外部装进新知识，而是要把学生现有的知识经验作为新知识的生长点，引导学生从原有的知识经验中"生长"出新的知识经验。教学不是知识的传递，而是知识的处理和转换。教师不是简单的知识呈现者，他应该重视学生自己对各种现象的理解，倾听他们现在的看法，洞察他们这些想法的由来，以此为根据，引导学生丰富或调整自己的理解。这不是简单的"告诉"就能奏效的，而是需要与学生共同针对某些问题进行探索，并在此过程中相互交流和质疑，了解彼此的想法，彼此做出某些调整。

总的来说，建构主义理论认为学习不是知识由教师向学生的传递，而是学生建构自己的知识的过程，学习者不是被动的信息吸收者，相反，他要主动地建构信息的意义，这种建构不可由其他人代替。学习并不是简单的信息的积累，它同时包含由新旧经验的冲突而引发的观念转变和结构重组；学习过程并不是简单的信息输入、存储和提取，而是新旧经验之间的双向的相互作用过程。所以，学习的本质是学生主动地对学习内容进行选择和处理，并在自我互动、师生互动、生生互动的过程中不断构建自己的知识体系的过程。建构主义理论对普通高中育人方式改革背景下实施"STR"课堂教学改革，建设学习中心课堂，具有重要的理论指导意义。

二、深度学习理论

20 世纪 50 年代中期，Ference Marton 和 Roger Saljo 首先提出并阐释了深度学习（Deep Learning）和浅层学习（Surface Learning）这两个相对的概念。此后，国内外学者开始对深度学习展开了不同角度的研究。

综合国内外对深度学习的认识，我们认为，深度学习是一种主动的、批判性的学习方式,也是实现有意义学习的有效方式。与深度学习相对应的浅层学习,指向的则是一种被动的、机械式的学习方式,即把信息作为孤立的、不相关的事实来被动接受、简单重复和机械记忆,忽视对知识的深层加工、深度理解及长期保持,更无法实现知识建构、迁移应用及问题解决。

从学习目标的角度看,根据布卢姆对认知领域学习目标的分类,对应"记忆、理解、应用、分析、综合及评价"这六个层次,浅层学习的认知水平只停留在"记忆、理解"这两个层次,主要是对知识的简单描述、记忆或复制;而深度学习的认知水平则可对应"应用、分析、综合、评价"这四个较高级的认知层次,不只涉及记忆,更注重对知识的理解和应用。因而,较为直观的表达为:浅层学习处于较低的认知水平,是一种低级认知技能的获得,涉及低阶思维活动;反之,深度学习处于高级的认知水平,面向高级认知技能的获得,涉及高阶思维活动。显然,深度学习的实现与高水平思维的运用密切相关。可以说,高阶思维是深度学习的核心特征,发展高阶思维能力有助于实现和促进深度学习,同时深度学习又有助于提高学习者的思维品质和学习效能。

所以,改变传统教学模式,开展"STR"教学,让学生在理解的基础上,批判性地学习新的思想和事实,将它们融入原有的认知结构中,并通过课堂上的小组合作、展示交流、质疑探究,调动学生学习的积极性和主动性,让学生将已有的知识迁移到新的情境中,更好地促进知识的理解、应用和保持,从而实现深度学习。

三、学习共同体理论

学习共同体是指由学习者及助学者(包括教师、专家、辅导者、家长等)共同构成的以完成共同的学习任务为载体,以促进成员全面成长为目的,强调在学习过程中以相互作用式的学习观作指导,通过人际沟通、交流和分享各种学习资源而相互影响、相互促进的学习团体。

知识建构、意义协商、身份形成三者同时进行、相互交叉的过程构成了学习共同体学习活动的运行机制。知识建构使得学习共同体的产生成为可能；意义的认同与协商使得学习共同体的学习活动能够得以进行；身份形成使学习者个体在学习共同体中获得了社会性发展，是学习者充分参与学习共同体的学习实践的表现。

在社会建构主义看来，人是在社会文化情境中接受影响，通过直接地跟他人的交互作用，来建构自己的见解与知识的。个体认知活动的成果——知识，是个体在他者存在的共同体的场中通过与他者进行交流、不断地琢磨与检查自己所拥有的经验的结果，从而使自己的知识处于流动的、向他者开放的系统之中。学习是学习者根据不同的社会文化背景的差异而不断进行的参与性实践。因此，对于学习者而言，共同体是个体进行学习并建构知识的场，通过"合法的边缘参与"和"充分的参与"来建构个体的知识。

学习者个体在学习共同体的学习过程中，与他者的交往存在着认同与协商两个过程。当与他者的交往中存在着相互认同的意义时，个体借他者的经验以巩固自己已有的经验；当与他者的交往中存在着有分歧的意义时，学习者个体与共同体中的其他参与者则通过意义协商的过程以解决个体经验中的冲突，实现个体的学习实践。在学习共同体中，学习者通过"参与"和"物化"两个组成过程与共同体中的他者进行意义协商。"参与"指的是"（在某些活动、事业等中）拥有一部分、参加一部分或者与他人分享"，其意义包括两个方面：行动的方面——参加到一个过程中，关联的方面——与他人的关系。"物化"指的是"将抽象化做实质的存在，或者具体的物质对象"；在共同体中，通过将参与者的知识与经验的物化，将意义的协商变得有组织起来。

学习者在学习共同体中建构个体知识、与他者意义协商的同时，个体的身份也在发生着变化。学习者在参与共同体实践的过程中，个体也伴有一个身份形成的过程。学习者在共同体中作为新的参与者从周边的、局部的参与到充分参与的过程、学习者从新参与者的参与到老参与者的参与的变化,是学习者个体在共同体中的身份形成的过程,是共同体成员之间形成关系的过程,同时也是参与者之间进行意义认同与协商、形成共识的过程。学习者在共同体的学习实践中,获得了身份的发展,形成了共同体中的自我,实现了个体知识与人性的双重社会性建构。学习者个体通过与学习共同体中其他参与者的相互交往,在参与与物化之间、局部与整体之间、认同与协商之间,伴随着个体的知识建构、意义协商、身份形成三个不同却相互交叉、相互作用的过程,实现了自我的学习实践。

组建学习小组,开展"STR"教学,是普通高中育人方式改革背景下学生进行自我教育、自主学习和自我管理的重要途径。同时,建设学习小组也是实施"STR"教学的关键环节,小组成员在教师的引导下开展互学互教,既实现了知识的主动建构,又发展了学生与同伴合作解决问题的社会性技能。

第四节 "STR"教学模式的实践创新

一、变革传统的课堂教学形态

课堂是落实育人方式改革的主阵地,但目前大部分高中的课堂教学依然以"教师讲、学生听"为主,教师"一言堂""满堂灌",缺少思维的碰撞和生命的对话;教师课堂上往往只关注自己教,很少关注学生的学,教学存在应试主义倾向,过度重视知识的传授,一定程度上忽视了支撑学生终身发展、适应时代要求的关键能力的培养。

常青一中在创建研究型学校以来,通过搭建平台、创设机制,引导全体师生积极参与创建工作，全校师生的研究潜能得到了极大的开发，研究氛围日益浓厚，课堂教学形态发生了彻底改变，课堂教学质量也得到了极大提升。

作为创建研究型学校的核心——"STR"课堂教学模式的全面推行从根本上改变了我校的课堂教学生态。各学科在学校"STR"课堂教学模式的总框架下结合学生的实际，经过大胆的实践探索，总结凝练了具有各自学科特色的"STR"课堂教学子模式，如语文教研组提出了基于"STR"构架下的"三为主"课堂教学模式，数学教研组提出了"三问、三步、三提炼"的课堂教学流程，英语教研组提出了"'两线三段五环'STR"课堂教学模式，生物教研组提出了"情景导入、学案导学、展示思维、当堂巩固"四步法新授课教学模式和"自主纠错、展示思路、归类点拨、升华提高"四步法习题课教学模式……老师们已经摆脱了模式化教学的束缚，热衷于探索多样化和个性化的课堂教学模式，实现了"以教定学"向"以学定教"的转变。2019年9月26日上午，江汉区各学科教研员来到我校进行教学指导，并指导高三年级复习备考工作。通过随堂进班听课，教研员们对我校推行的"STR"课堂教学模式给予了高度肯定和赞赏。物理教研员洪中青说："常青一中的课堂令人耳目一新，学生的表现让人眼前一亮。"2019年10月16日，海南省东方市高中学校24名骨干教师慕名来校观摩学习。活动结束后，教师们普遍反映在来汉访学的几天来，常青一中的课堂令人感受到了课改的气息。海南省东方中学黄礼椿老师（年级主任）在离开前留了学校的联系方式，表示回到海南后将说服学校领导，积极推进课堂教学改革，希望我校届时能提供大力的支持和帮助。

二、突出学生学习的主体地位

"STR"课堂强调教师主导与学生主体相结合，学生能动、有效的学习活动是课堂中的本体性或目的性活动；而教师的教导活动，则成为引发和促进学生能动、有效学习的条件性或手段性的活动。凡是学生能独立学习的内容教师都放手让学生自己去学习，教师的讲授要控制在必要的范围内，去除多余的和不必要的讲授，而将更多的时间用于引发和指导学生独立、自主的学习上。"STR"课堂特别强调学生能动参与学习过程，它假定没有学生的能动参与和主动建构，就不会有真正内化的学习和有效的学习。它要求教师基于学生的问题设计教学的起点，利用学生感兴趣且基于其已有知识经验和思维水平的活动来组织教学过程，确保教学活动的针对性、能动性和有效性。"STR"课堂教学的中心在于学生的学习活动，教师"教"的落脚点在学生的"学"，教学所追求的目标和结果要通过学生的"学"体现出来。

学校实施"STR"课堂教学改革的主要目标是使全体学生自主发展、和谐发展，培养学生的自信心、自学能力、团队精神、自我管理能力、强烈的求知探索能力、出色的语言和口头表达能力，为学生终身发展奠定基础。学生身心素质发展的基本机制在于学生自身的能动活动，学生通过能动参与多种学习活动并亲身经历和完成学习活动的过程，才能实现身心素质的发展。任何他人都不可能不经由学生的能动活动而将某种素质直接传递或给予学生。

在以讲授为中心的课堂中，学生的学习活动是以听讲、看书、作业等符号性学习活动为主，因此其落实的学习目标主要体现在对知识的理解与记忆以及读写算和逻辑思维（分析、综合、判断、推理）等认知技能的发展上。"STR"课堂采用学生自主学习与合作学习的活动，促进了学生的自主学习品质、合作的意识与能力、个性化地表达与展示等方面的素质提升，因此，在素质发展的内容或外延上有重要的拓展。

三、强化信息技术的融合应用

中小学人工智能教育平台"阿凡题"发布的互联网教育大数据报告

《中国中小学写作业压力报告》显示，我国中小学生每日用于写作业的时间为 3 小时左右，是世界其他国家平均水平的 3 倍。年级越高学生作业量也越大，高中生写作业时长甚至超过 4 个小时。作业繁重、低效的弊端十分明显。

"STR" 课堂以学习者为中心，以信息化课堂为载体，强调自主学习和合作学习的作用，强调设计的理念，强调在整合各种信息资源的前提下开展各种学习活动。"STR" 中的 "R" 既表示课堂的研究（Research）特色，也表示学校数据中心为课堂教学提供的资源（Resource）支撑。通过建设校本数据中心，借助信息化手段，极大提升了学生作业训练的精准性，提高了课堂教学效率。结合学生身心特点，通过"纸质作业 + 大数据智能批改 + 网络资源"，打造具有校本特色的"智能作业"，探索"精准训练"的有效路径和基本策略。

校本数据中心的大数据资源一方面能够为教师教学诊断和编制导练案服务，助力教师精准推送练习和精准开展辅导；另一方面，还能够为学生自主纠错服务，助力学生实现学习的个性化和定制化，实现"私人订制"式的学习。

"STR" 课堂教学改革的一项重要任务是建立信息环境下的集体备课机制，即以建设智慧校园为抓手，以编制导学案、导练案为载体，建设集体备课技术环境和集体备课运行机制。通过构建技术环境提升集体备课效率，优化教师成果和资源共享渠道，以及工作任务管理方式；通过协同机制的构建优化教研（备课）组织结构与形式，促进教师积极沟通，刺激教师在研课过程中的智慧共享行为，提升集体备课效率和质量；通过调整优化教研（备课）组绩效考评方法和集体备课实施方案，为集体备课提供机制保障，总体提升备课质量，为促进学生更好地学习打下坚实的基础。

第五节 "STR"教学模式的实施路径

为建成具有研究型学校特色的课堂教学模式，学校主要从课堂教学、课程开发、自主学习、师资保障和教学评价五个方面着手推进"STR"课堂建设：

一是课堂教学体现生本化，遵循的策略是"双向互动、以生为本、激励评价、彰显个性"。

二是课程开发体现多层面，遵循的策略是"提前分工、轮流主备、集体研讨、优化调整"。

三是自主学习体现探究性，遵循的策略是"独立探究、小组合作、多元检测、适时反馈"。

四是师资保障体现多渠道，遵循的策略是"内部开发、专业引进、借用外力、整合资源"。

五是教学评价体现多维度，遵循的策略是"立足素养、注重实效、师生参与、多元立体"。

一、开发校本教学资源

编写导学案、导练案是推行"STR"课堂教学模式背景下教师备课的主要任务，也就是将原来的教案和教辅资料改为今后的导学案、导练案，实现教学资源的校本化，提高对学生学习指导的针对性和有效性。

为保证"STR"课堂教学模式的顺利推行，学校在建构研究型课程体系的基础上，重点突出校本导学案、导练案的开发和管理。学校成立以教学校长为组长、教务处主任为执行组长、各教研组长为成员的课程开发领导小组，具体组织实施导学案、导练案编写的督促检查。同时以备课组为单位成立了导学案、导练案研究团队，具体负责研究型学习的校本导学案、导练案的开发。

为保证导学案、导练案编写工作落实到位，学校主要采取了以下措施：

一是为教师提供导学案、导练案的编写培训，不断提高教师开发校本导学案、导练案的能力；

二是确定了"提前分工、轮流主备、集体研讨和调整优化"的校本导学案、导练案开发的基本流程；

三是调整了集体备课的管理，将原来的每周1次集体备课活动调整为每周安排2次集体备课活动，并安排专人检查集体备课开展情况；

四是修订了现行的教学工作绩效考核实施方案，由原来的针对教师个体进行评价调整为以备课组为单位进行等级评价，在对备课组评价的基础上开展教师个人评价，引导教师在教学工作中注重发挥个人聪明才智和集体智慧，实现共同提高。

我们在扎实推行"STR"课堂教学模式改革的基础上，全面探索推行"智慧作业"和实现"精准训练"的有效路径和基本策略。通过运用大数据为教师教学诊断和编制导练案服务，助力教师精准推送练习和开展辅导；通过运用大数据为学生自主纠错服务，助力学生实现学习的个性化和定制化。

自推行"STR"课堂教学模式以来，我们在实践过程中遵循"课时化、研究化、方法化及层次化"的四化原则共编写了覆盖9个学科的900余份导学案、导练案，教师编写的导学案、导练案取代了原有的教辅资料，实现了教学资源的校本化，提高了教学的针对性和有效性。

二、开展基于导学案、导练案的二次备课

"STR"课堂的基本理念就是充分发挥学生的主体作用，促进学生更广泛、更深入地参与课堂学习，培养学生主动学习的习惯和能力，从而提

高课堂教学质量。导学案是实施"STR"教学的重要载体,它的作用应是帮助学生前置自学、课前研学,以便教师查找问题,因材施教。如果教师仍然按照导学案的流程组织教学,把学生会的知识和不会的知识放在一起平行推进,势必会降低课堂教学的起点,挫伤学生的认识尊严和学习积极性,让学生感受不到挑战的乐趣。因此,在"STR"教学中二次备课就显得尤为重要。

所谓二次备课,就是教师对学生完成的导学案中出现的问题以及学生在自学中提出的问题进行整合,从而提出新的问题,对教学从目标、重难点、方法、练习等方面进行二次设计。它的最大作用是有利于增强教学的针对性,真正做到因材施教,让教学建立在更高的起点上,最大限度地提高教学效率。二次备课在"STR"背景下具有个性化特点,因为它基于本班的整体学情。

那么,如何进行二次备课呢?总体要求就是以解决学生的问题为核心,确定教学思路,优化教学结构、方法和手段。具体做法是:"整、增、改、删、调"。

整:梳理导学案中存在的问题以及学生提出的问题,然后进行整合,设计出新的问题,使教学得到整体优化。

增:依据导学案中出现的问题增加必要的教学内容,采取更有针对性的教学方法。

改:根据实际情况修改导学案不适应本班教学的教法和学法。

删:删除学生已知的内容及不必要的教学环节。

调:根据需要调整教学目标、重难点和教学内容的呈现形式。

综上所述,二次备课的文本要有以下内容:

1. 本节课的任务和重点内容

2. 教学过程与方法

（1）学生展示内容、展示形式、由什么类型的学生展示的安排。

（2）教师点评和点拨引导的预设。

（3）学生新生问题、质疑问题的预测及点拨讨论策略。

（4）多媒体的使用安排。

3.达标检测与反馈

4.课后心得与反思

总之，二次备课是成功教学的必要环节，更是"STR"教学的生命力所在。没有二次备课的"STR"教学是浅层的、低效的，唯有实施二次备课，让教学闪耀着理性的光辉，跃动着个性的魅力，"STR"课堂才会焕发更多的生机与活力。

附：二次备课案例

基于"STR"导学案的教学二次备课（课堂准备）
课题:《地球的历史》教学设计

姓名：<u>胡利梅</u>   学科：<u>地理</u>   单位：<u>武汉市常青第一中学</u>

一、基于"STR"导学案反馈形成的教学任务分析

（一）课标分析

课标要求：运用地质年代表等资料，简要描述地球的演化过程。

本条标准关注的重点是学生会使用地质年代表这类资料去描述地球的演化过程。为了使学生会使用地质年代资料，首先要讲明什么是"地质年代"，"界（代）"划分的依据是什么。要让学生在脑子里建立相应地质

年代地球表面的自然图景和不同地质年代之间的关系，形成一种宏观视角下的时空组合。因此从这部分内容来说学生需要教师提供大量通俗易懂的文字和图像以供其"驱使"。其次，"描述"是对学生的要求，指学生会用文字或言语说出地球的演化过程，教学中需要为学生提供"描述"的机会。而"地球演化过程"指"界（代）"的更替过程，包括据今的年份、地球的基本面貌、地壳运动的情况、古生物情况等。在描述的过程中，要求学生突出各个年代的特征，注重动态发展的内容和年代间的转变，以获得对地球演化的整体认识。

（二）教材分析

本章是教材的开篇章，属于"地球知识"模块组，目的是让学生对地球与宇宙间的关系以及地球的演变过程及内部结构形成一个宏观的认识，为后续的自然地理与人文地理知识奠定基础。本章的一、二节分别讲述了地球与宇宙的关系以及太阳与地球的关系。本节《地球的历史》是第一章《宇宙中的地球》第三节的内容，讲述的是地球形成后的演化过程。

本节教材中出现了大量的图表及文字资料，这与本节的内容特点与课标要求相符，因此，学生课前应先对教材进行一个系统的浏览，形成大致的印象，教师在课堂上则应引导学生对教材内容进行归纳，使学生获得的零散的片面的知识能够系统化、条理化，便于记忆，对教材中缺失的前提概念或者背景知识要进行一定的补充。因此，"STR"图文导学教学模式能够很好地促进本节的教学。

（三）学情分析

高一学生思维活跃，渴望探索自然奥秘、认识生活环境，学生内在的求知欲能促使他们对地球的演变过程产生浓厚的兴趣，在一定程度上能够运用已有的知识去解决新的问题。此年龄阶段的青少年记忆力极佳，有利于其识记地质年代及相应的地理环境特征。本节内容在理解上的难度不大，但要识记的内容较多，学生需把握住地球演变过程的规律，掌握相应的背景知识后再记忆，以达到本节课的要求。

根据学生导学案的完成情况可知，通过自主学习，学生已能基本掌握课本上的基础知识。课堂上可适当拓展和深化相关内容，培养学生的地理核心素养。

二、基于"STR"导学案反馈形成的教学目标

区域认知：学会根据不同的化石及地层特点来推测相应的区域环境特征。

综合思维：能据图说出沉积岩地层、古生物化石、地质年代表构建的关系；通过地质年代表等资料，简要描述不同地质年代的时间尺度、不同地质年代的地球环境及古生物特点。

地理实践力：学会通过实地考察、观察、查询相关资料等地理学实证研究方法得出研究结论。

人地协调观：通过学习，了解人类历史只是漫长的地球历史的一瞬间，能正确认识人地关系，人类活动应遵循自然规律。

三、基于"STR"导学案反馈形成的教学重难点

重点：通过地质年代表等资料，简要描述不同地质年代的时间尺度、不同地质年代的地球环境及古生物特点。

难点：能据图说出沉积岩地层、古生物化石、地质年代表构建的关系；通过地质年代表等资料，简要描述不同地质年代的时间尺度、不同地质年代的地球环境及古生物特点。

四、基于"STR"导学案反馈的教学思路和方法

本课的总体思路为：图文导入、小组合作（互教互学）——展示交流、质疑评价（答疑解难）——总结提升、尝试应用（总结反馈）。

首先从梁龙化石引出"地球环境经历了怎样的变迁"这一核心问题；而后通过地层和化石等概念的获得，建构地质年代表，并运用地质年代表描述地球主要地质时期的环境特点；最终学习和掌握研究地球历史的基本思路和方法。

五、基于"STR"导学案反馈需准备的教学资源

课件：准备教师课件和指导学生展示的课件。

文本："STR"导学案、导练案、智能作业本、人教版必修一教材、教学参考用书等。

六、基于"STR"导学案反馈的教学实施过程

教学环节	时间安排	教师活动	学生活动	设计意图
图文导入	1分钟	亿万年前，武汉是什么模样？神秘的古生物化石，只能在博物馆看到吗？武汉网友发微博"晒"自己在光谷某工地附近挖到的三叶虫等化石，揭开了化石的神秘面纱——其实，化石就在我们的家门口（展示相关新闻图片）	跟随老师的导入进入学习状态，认真观看新闻及图片，思考问题	创设新颖的学习情境，激发学生求知、探索、发现的欲望和活力，培育民主、和谐、安全的学习环境。身边的实例能激发学生的学习兴趣，具体问题能够引导学生有目的地获取信息，快速进入学习状态
		为什么要发掘和研究化石？它和地球的历史有什么关联？地球的环境都发生过什么样的变化？		

续表

教学环节	时间安排	教师活动	学生活动	设计意图
小组合作	4分钟	反馈学案完成结果： 第三组优秀、其他组合格 根据任务提出要求，巡视、观察、指导学生合作探究，答疑解难	组内合作、交流讨论 认真记录、精心准备 组内商议、确定人选	精心设计的问题，让学生带着问题、有目的地学习和小组合作讨论，利于提高学习效率
展示交流质疑评价	30分钟	第一组：A、B两地是否具有同一时代的地层？将同时代的地层用虚线连接起来，猜想两地地层产生差异的原因 第二组：若将地球46亿年的历史压缩为一天24小时，地球诞生于0点，你能算出图中的时间分别大致对应一天中的什么时刻吗？ 第三组：前寒武纪的地球环境和古生物特点 第四组：古生代的地球环境及古生物特点 第五组：中生代的地球环境及古生物特点 第六组：新生代的地球环境及古生物特点 点评、补充及板书	学习小组依次展示交流课前收集整理的资料和图片、实地观测考察的见闻和思考、收集的化石等 其他同学认真倾听、大胆质疑并补充、做好笔记，填写导学案上的表格	以学习小组的形式分工合作，可以培养小组分工协作能力；课前观察、收集、整理相关资料，理论联系实际来解决问题，培养了学生的地理实践能力和综合思维能力，掌握研究方法
小结提升	2分钟	师生共同小结： 地层 化石 研究 地球的历史 表现 地球的演化历程 地质年代表 地质历史时期 生物演化 地表演化 矿产形成 气候演化		回顾和总结本课学习成果，理清脉络，学有所获

续　表

教学环节	时间安排	教师活动	学生活动	设计意图
尝试应用	3分钟	完成当堂检测，检测学习效果。学生完成后提交，结果及时反馈效果良好	完成当堂检测，及时提交，实时评讲。	学以致用，实时反馈

七、课后：拓展延伸，达标检测。让学生内化知识，提升能力，积淀素养。

三、发挥课堂评价的促学功能

语言是人类进行思维和交际的工具。课堂教学语言则是师生双方传递信息和交流思想的载体，是课堂教学中连接学生和教师的桥梁，是教师教育教学思想的直接体现。苏霍姆林斯基曾经说："教师的语言修养，在很大程度上决定着学生在课堂上的脑力劳动的效率。"

（一）评价学生展示活动的基本原则

第一，及时性评价。

第二，鼓励性评价。

第三，适度性评价。

（二）评价时机的选择

教师在对学生展示活动进行评价时要注意把握时机，在最佳时机处进行激励性评价可以取得事半功倍的效果。

1. 在学生闪现智慧的火花时激励

每个学生都有突发奇想和突现"灵感"的时候，作为教师一定要善于帮助他们去捕捉。有时，学生有价值的想法连他们自己都没有意识到，这是由于自己认识的局限造成的。教师要站得高些，看得远些。及时鼓励和鞭策他们，帮助他们发现自己的优点，找到自信。

2. 在学生质疑时激励

"提出问题比解决问题更重要。"在教学时，教师一定要为学生提供"质疑"的良好氛围，教给学生提问题的方法，引导学生善于发现问题，敢于提出问题。而在这个过程当中，教师的激励性语言无疑为学生质疑提供了必不可少的心理安全，也为学生质疑提供了强大的动力。

3. 在学生思维多样时激励

求异思维是创造性思维的核心，它反映了创造性思维的"尽快联想、尽多作出假设和提出多种解决问题方案"的特点，对培养学生的创新意识尤其重要。因此，学生思维在呈现多样时，教师一定要抓住契机，大加激励。例如，在课堂上，学生有独到的见解或者回答了疑难问题时，教师要抓住这个契机，运用激励的语言进行鼓励。

4. 在学生出现困难时激励

教师做到这一点，对于绝大多数孩子都是有意义的。因为，对于学生而言，学习的内容多数是他们未知的部分，都需要他们"摸着石头过河"。因此，学生在学习时遇到困难是非常正常的。这时教师就要发挥好激励和引导的作用，帮助学生跨过自己心理的"坎儿"和思维上的障碍。

5. 在学生合作时激励

在小组合作学习时，教师运用激励性语言可以起到很好的组织、引导和促进作用。结合具体情境鼓励学生合作是非常有效的。在小组合作中，学生个个都能注意积极动脑、虚心合作。

（三）评价语言要做到个性化

第一，表扬语不能千篇一律，如果单一，学生听了没有任何反应甚至产生无谓的情绪，要做到形式多样化。避免同一语言贯穿到底。

第二，要根据学生的不同性格特点，采用不同的表扬方式。

第三，要有针对性。比如学生的态度习惯朝好的方面发展，学习方法科学的都要一针见血地给予肯定和表扬。

附：精彩的课堂激励语言

1. 在这个问题上，你可以当老师了！

2. 你分析问题那么透彻，老师真希望每节课都能听到你的发言。

3. 这么难的题你的回答很完整，真是了不起！

4. 你这节课发言了好几次，看得出来你是个善于思考的好孩子。

5. 你的想法很有创意，看来你是认真思考了。

6. 你真爱动脑筋，这么难的题你都能解决！

7. 你好厉害！敢于向书本提出问题，你的勇气令人羡慕！

8. 通过你的发言，老师觉得你不仅认真听，而且积极动脑思考了，加油哇。

9. 你的预习可真全面，自主学习的能力很强，课下把你的学习方法介绍给同学们好不好？

10. 谢谢你指出了老师的错误，使老师不会错一辈子。

11. 你的进步可真大，老师为你感到高兴！

12. 你虽然没有完整地回答问题，但你能大胆发言就是好样的！

13. 老师真想在下节课看到你更出色的表现！

14. 对学习较吃力的学生经常说："老师相信你经过努力一定能行！"

15. 你很勇敢，第一个举起手来，说错不要紧，关键是敢于发表个人见解！

16. 希望下节课，你是第一个回答问题的人！

17. 虽然这句话读错了，但老师和同学们都很佩服你的勇气，下次努力！

18. 你的声音真好听，你能大声读一遍吗？

19. 这个问题提得真好，谁愿意帮助他（她）解决？

20. 你们不仅说得好，而且你们还很会听取别人的意见和看法。

21. 你们说他（她）是不是天天在进步，老师相信你，对自己要充满信心！

22. 来，请你谈谈这个问题。我从你的眼中看出来，你的心中一定是有了与其他同学不一样的看法。勇敢地站起来。

23. 你们是老师心目中最棒的孩子，现在老师需要你们的帮助！

24. 这个问题你处理得太棒了，连老师也自愧不如，继续努力吧。你一定会更出色！

25. 你真了不起，竟能想出如此独特的方法，很有新意，大家用掌声鼓励他。

26. 你真是一个知识渊博的孩子，你懂的比老师还多，老师都有些羡慕了，继续努力啊！

27. 你们都是有心的好孩子，发现了生活中这么多的数学问题。

28. 你是一个聪明的孩子，如果你能再守纪律些，老师会更喜欢你，真希望那一天早日到来！

29. 你的想法真不错，向你学习。

30. 哎呀，你的见识可真广，懂得这么多的知识，老师和同学们都向你学习。

31. 你的想法真有创意，你愿意进一步谈谈你的构思吗？

32. 你的语言组织得这么好，可见你的语言表达能力非常强。

33. 你是个爱动脑、会提问的好孩子，掌声送给你。

34. 你提的问题很有价值，都快成小老师了。

35. 学习并不难，只要你课前预习，上课积极参与，课后认真复习，成功就属于你。

36.你一直都是一个聪明的孩子，要是遇到问题能再认真思考一下，那可就太棒了！

37.老师知道你已经努力了，回答错也没有关系，你在老师心里是好样的！

38.老师真高兴，你能勇敢地举手并站起来回答问题，大胆地说出你的想法吧！

39.你的进步真快，没想到你这么聪明！相信你还能说得更好！

40.比老师说的都好，老师真羡慕你，我也要向你学习。

41.你的这种解法很独特，把你是怎么思考的告诉大家，让同学们与你共享。

42.你真让人感动，老师喜欢你的敢想、敢说、敢问和敢辩，希望你继续保持下去。

43.你的发言很有独到之处，也善于发现问题，大家都应该向你学习。

44.错了，没关系，下次努力！

45.你的字如果再大点会更漂亮！

46.你的作业又进步了，再整齐点会更好！

47.你的表达能力真棒，同学们都应当向你学习。

48.只要你努力，我相信你的学习成绩一定会上来的。

49.没关系，说得很好，再来一遍好吗？

50.第一小组同学合作完成了老师布置的任务，你们的速度非常快，出乎老师的意料。

51.不用着急，慢慢地说，大家相信你一定会说得很好。

52.从你高举的手里，老师感到了你的求知热情，让我们为你的求知热情鼓掌。

53.你能勇敢地站起来回答，有进步！

54.你能想出这么好的办法，真不简单，你的进步可真大！老师相信，

如果你再努力一点,下次肯定会更好!

55. 你解这道题的方法比老师的方法还简单,到目前为止,你的方法是最出色的。

56. 你回答得很正确,思路也简捷,若声音再响亮一点,就更好了。

57. 你的声音真好听,能再大点声吗?

58. 这次考试你有很大的进步,老师为你的进步而高兴。

59. 你的数字写得比老师写的还漂亮。

60. 你的自信心强,这是你最大的优点,但也要多与其他人沟通。

61. 你的字很漂亮,再认真点会更漂亮。

62. 你很有创造力,但还要继续努力。

63. 你常常给大家一个惊喜,因为你有创新思维。

64. 你每天都有进步,老师真为你高兴。

65. 大胆一些,勇敢一些,经过努力,成功一定会属于你。

66. 大家都很佩服你,因为你处处与众不同,表现非常出色,老师都为你骄傲。

67. 相信你能行,再认真想一想,别着急,你一定行。

68. 难题最怕认真的人,你就很认真。

69. 别把你的聪明藏起来。

70. 你的发言很有条理,也很有见解。

四、整体推进"STR"课堂建设

学校围绕全面推行"STR"课堂教学模式,不断完善制度建设,积极营造研究氛围。主要采取了以下措施:

一是学校制定了《武汉市常青第一中学听评课制度》《武汉市常青第一中学"STR"课堂教学模式课堂评价表》,以备课组为单位组织教师在每周二上午第三、四节开展听评课活动,教师通过听评课活动提高"STR"课堂教学模式的驾驭能力。

二是借助信息化环境和技术手段对国家核心课程、学科拓展课程、自主学习课程三大板块课程的实施进行常态监测,确保课程能按照计划和要求执行。

三是阶段性召开"STR"课堂教学模式工作推进会,以专题讲座、研讨会、学习简报等形式予以交流推广,供教师学习借鉴。

四是定期开展新模式验收课活动,依据课堂教学评估指标,组织教师开展达标课活动,人人上达标课,确保教师人人过关。

五是定期召开经验交流会,对表现突出的先进年级组、优秀班级、备课组和教师个人进行表彰奖励。

"STR"课堂教学模式是新高考背景下,面对发展学生核心素养的现实需要,结合我校研究型学校建设目标,形成的一种适合学校教育教学及管理的本土化教学模式。截至2019年秋季学期,我校"STR"课堂教学模式已在全校三个年级25个教学班全面推行,我校课堂教学的生态出现了巨大的变化,师生互动、生生互动已经成为常态。学生已具备一定的自我管理能力,在自主学习时间能够自觉进入学习状态,自主、合作、探究解决学习问题;教师组内交流合作,共同探索"STR"课堂教学模式与各学科进行融合以提升学生学习效率的氛围日益浓厚,初步形成了"切问笃学"的学风和"精研尚思"的教风。

第二章 "STR"课堂教学与学校发展

第一节 "STR"课堂教学背景下的课堂生态

一、理想教学生态的价值追求

美国教育社会学家威拉德·沃勒（Willard Waller）是课堂生态（Classroom Ecology）的率先提出者，其《教育社会学》一书中所提出的"课堂生态"理念的核心视角，旨在解决课堂中的授受失衡、主体失衡、反馈失衡、教育失衡等关键问题，以期透过教学中课堂生态的创设，对教学授受效果施加显著的正能量影响。课堂生态具有整体性、协变性和共生性等基本特征，它的核心概念体现于教师在课堂教学中能积极改变学生的学习行为，转变学生的学习方式，注重引导学生开展独学、对学、群学，鼓励学生"独自思考，大胆质疑，合作探究、主动展示"，提倡通过课堂展示实现师生交流，通过师生、生生之间的纠错落实课堂教学任务，通过教师点拨提升学生能力。随着现代教学方法的不断出新，这种针对教学中课堂生态的创新，已成为现代教学发展的趋势。

我国传统的学科教学课堂生态是师生二元形态的一种主客单模态模式，整个课堂生态表现得缺乏活力，教学效果长期得不到有效提升。在新的时代背景下，课堂生态的建构，应释放更多课堂教学的可能性，方能建构起一种更具多元的教学生态化表达。

二、"STR"教学中课堂生态的主要特征

"STR"教学中课堂生态的主要特征为：突破师生主体与客体的传统二元架构，既凸显了学生的主体地位，又转变了教师在传统教学中的主体地位；以教师辅助主体的多元化引导，实现其在现代教学中的地位重塑，实现教学中课堂生态的整体架构重塑。同时，以教学的自然语言授受为主体，在学生、教师、环境等诸生态影响要素协同作用下，在静态的氛围安排与动态的情境创设条件下，在教学课堂生态的系统化支撑下，建构起教师（T）、学生（S）、教学资源（R）三位一体的教学课堂生态模型。

（一）凸显了学生学习的主体性

在"STR"教学模式下，学生的自主学习意识逐渐增强，课前主动完成导学案自主学习部分，课上积极主动地参与小组讨论活动，并经过和小组同伴探究讨论后进行展示交流，激发了学生自主学习的兴趣。学习过程体现了建构主义理论所倡导的主动的意义建构，学生不是被迫地学习教师布置的学习任务，而是发自内心地去探究新知。在对待小组之间的合作问题和班级的展示问题时，小组同学的合作展示和组与组之间的竞争展示，也从一定程度上激发了学生的学习兴趣。

（二）培养了学生各方面能力

"STR"课堂的五个教学流程始于学生的自主学习，课堂教学的有效开展也是以学生导学案的完成情况为基础的，在很大程度上提高了学生的自主学习能力和独立解决问题的能力。课堂上小组进行交流沟通，倾听小组成员的意见，合作探究，培养了学生的语言表达能力和人际交往能力。在小组学习的过程中培养了学生的团队合作精神，小组成员之间进行分工

合作，共同完成学习任务，在一定意义上提高了学生分配问题的能力和责任感，而且培养了同学之间的友谊，增进了同学之间的感情。在展示交流环节，学生上台展示汇报合作学习的情况，阐述自己的观点和见解，其他组的同学提出本组在合作学习过程中遗留的疑难问题和生成的新问题，有助于学生语言和口头表达能力的提高，促进学生高阶思维能力的发展。

（三）发展了学生的核心素养

对于学生核心素养的培养，不是一蹴而就的，学生核心素养的养成，不全在于教师的教，而在于学生参与其中的学习活动。学生核心素养的培养应体现在日常教学的每一节课、每一个教学环节之中。培养学生核心素养的关键场所在课堂，培养学生核心素养的关键在过程。"STR"课堂教学模式改变了传统的"填鸭式"课堂，学生在这种生态下通过自主学习和合作探究养成科学精神，提升问题解决能力，实现自主成长，从而促进了学生核心素养的培养。

（四）推进了高效课堂建设

学校自实施"STR"课堂教学模式以来，学生的考试成绩排名多次刷新了在联合体学校中的历史记录。通过课堂观察也了解到学生的知识与技能、过程与方法、情感态度与价值观的发展，学生的整个课堂学习过程是在教师指导下的自主性较强的环境下进行的。教师的教，学生的学，以及学生的进步这三个方面综合体现了"STR"教学模式下的课堂距离高效课堂又近了一步。而且学校教师根据各自学科的特点对学校的"STR"教学总模式进行了适当的改进，形成了学科的"STR"课堂教学子模式，进一步提高了课堂教学的效率。

（五）减轻了学生的学业负担

为配合"STR"课堂教学改革实施，学校专门安排了自主学习课程，学生课前的自主学习任务尽量在学校的自主学习课上完成，课堂上主要处理自学中存在的问题，一定程度上减轻了学生的课后学习负担。编写导学案、导练案，是推行"STR"课堂教学模式背景下教师备课的主要任务，导学案、导练案也完全取代了原来的教案和教辅资料，教师不允许额外布置课外作业，避免加大学生的课业负担。导学案、导练案与智能作业本的结合使用，为教师教学提供了数据化、精确化、智能化的大数据服务，帮助教师诊断学生的薄弱知识点，提高了对学生学习指导的针对性和有效性，也实现了教学资源的校本化。

第二节　"STR"课堂背景下的学校制度文化

一、学校制度文化的背景分析

在新高考改革的大背景下，我校围绕"欣赏为美，自主发展"的办学理念，着眼研究型学校特色发展，首创了"STR"课堂教学模式。"STR"课堂教学模式以"立足校本、聚焦实践、多方参与、扎根教学"为基本原则，以项目推进为抓手，在文化建设、队伍建设、课程建设、课堂建设、活动建设等方面突出研究特色，以课标、考纲、教材、课堂研究为载体，构建研究型教育教学工作体系，围绕学生发展核心素养，培养具有科学精神、创新意识和实践能力的新一代人才，形成"精研尚思"良好教风，树立"切问笃学"的良好学风，促进教师专业发展、学生自主成长。

在新一轮基础教育课程改革的大背景下，为保障学校"STR"课堂教学模式的顺利推行，提高研究型学校的创建水平，需要进行相应的学校制度实践研究，进一步完善学校各项制度，形成具有我校特点的"STR"课堂背景下的学校制度文化。

二、制度文化的主要表现

（一）深化人事制度改革，激发教师发展内驱力

学校以实行全员聘用制和岗位管理为重点，以合理配置人才资源、优化教职工结构、全面提高教育质量和管理水平为核心，深化人事制度改革，建立和完善了全员聘用制管理机制，充分发挥广大教职工积极性、主动性、创造性，达到了"治懒，不整人"的目标，形成了"和谐竞争"的健康格局。

一是为进一步完善"能上能下、能进能出、按需设岗、择优竞聘"的人才竞争机制，调动教师工作的积极性，促进教师队伍的整体优化，学校制定了《武汉市常青第一中学教职工全员聘用工作实施方案》。学校成立了"两套班子"，即全员聘用工作领导小组和全员聘用仲裁、监督委员会。遵循以下三个原则。一是"公开平等、择优选聘"的原则。全部岗位及相应的岗位职责、任职条件向所有应聘人员公开，按聘任程序公平竞争，聘任结果张榜公布。二是"双向选择、逐级聘任"的原则。立足学校实际和今后的发展，根据"按需设岗，精简高效"的原则，将所有岗位数和聘任条件在全校公开，按年级组长、班主任、科任教师、教研组长、备课组长、各处室其他工作人员的顺序先后逐级分层聘任；其中高三年级享有优先聘用权。产生拟聘人选后，学校全员聘用工作领导小组对拟聘人选按照聘任条件，从德、能、勤、绩、廉五个方面进行了严格认真的考核，形成初步考核意见，报校长室同意后公布。三是"个人申请、部门聘任与学校统一协调相结合"的原则。学校每类岗位进行两轮聘任，给大家充分的时间交流和选择。两轮聘任后，仍有岗位空缺的，各层级聘任负责人报请分管校长同意，对单方面有聘任或应聘意向的岗位进行协调，一般按照科任教师岗位、教学辅助岗位、后勤服务岗位顺序进行协调。协调成功后实施聘任。聘用结束后的最终空缺岗位，学校对外公开聘任临时工作人员，签订"聘用合同"。在全员聘用制管理工作中，对待聘、缓聘和拒聘的人员，学校也

给予了一定的人性化政策。

二是为逐步实现教职工由身份管理向岗位管理转变,调动各类人员的工作积极性,制定了《武汉市常青第一中学岗位设置实施方案》。方案明确了竞聘岗位数和岗位竞聘的基本任职条件、资历条件和业绩条件,规范了实施步骤和岗位竞聘程序。健全组织机构,成立了岗位竞聘领导小组和仲裁委员会。其中专业技术岗位业绩条件主要考察教师班主任或教育管理的经历和成果、综合荣誉表彰情况、优质课(观摩课、教师培训)获奖情况、教科研课题成果、论文发表成果、年度考核情况、培养学生教师成果、教育帮扶情况、教学绩效等。召开岗位设置工作动员大会,组织全体教职工学习教代会通过的岗位设置工作方案,对相关政策进行解读,公布领导小组和仲裁委员会名单、岗位计划数、岗位竞聘方案、绩效考核结果、年度考核结果、班主任聘任情况、出勤结果、工作量标准等,公示竞聘结果。

三是学校教代会先后通过了《武汉市常青第一中学教学质量绩效考核办法》《武汉市常青第一中学班主任工作绩效考核办法》《武汉市常青第一中学行政及教辅人员绩效考核办法》《武汉市常青第一中学出勤绩效考核细则》《武汉市常青第一中学中层干部年度考核制度》等。如《武汉市常青第一中学教学质量绩效考核办法》明确了绩效考核内容、绩效考核量化标准和绩效考核办法。绩效考核内容包括教学过程绩效考核和教学效果绩效考核,教学过程绩效考核主要结合学生评估、课堂教学评估、教科研成果评估、教研组评估、校教学质量绩效考核委员会评估情况,教学效果绩效考核主要结合期中教学绩效考核成绩、期末教学绩效考核成绩。方案明确了教学质量绩效考核结果的计算、发放标准及办法、结果运用等。

(二)优化教学管理制度,构建和谐课堂新生态

围绕"STR"课堂教学,学校从教研组备课组建设、集体备课开展、导学案、导练案编写、课堂模式方案、课堂评价标准等方面进一步优化教学管理制度。

一是依据《武汉市实施加强中小学备课组建设工程方案》的文件精神，结合学校实际情况，制定了《武汉市常青第一中学教研组、备课组建设制度》。教研组、备课组建设制度以全面贯彻党的教育方针、实施素质教育、进一步推进和深化课程改革为宗旨，明确了教研组（备课组）的建设目标、基本原则、主要工作、活动要求和组织领导，引导教研组（备课组）研究、解决教育活动中的现实问题，进一步更新教学观念、改进教学方式和提高教师专业素质及教学科研能力，发挥教研组、备课组在改革中的基础性、先导性作用，解决学校改革中不断出现的新情况、新问题。

二是为提高"STR"课堂教学质量和学生学习效率，充分发挥导学案、导练案的先导作用，制定了《武汉市常青第一中学导学案、导练案编写制度》。制度明确了导学案、导练案的"提前分工、轮流主备、集体研讨、优化学案、师生共用"的编写基本流程；明确了导学案由授课要点（学习目标、重点难点、知识链接、学法指导等）、预习案、探究案、达标检测等部分组成；要求教师遵循课时化、问题化、方法化和层次化的原则编制导学案、导练案。

三是《武汉市常青第一中学"STR"课堂教学模式实施方案》解析了"STR"课堂教学模式的具体内涵，提出了"五环、四维、三结合"的"STR"课堂教学模式。"五环"是指课堂教学的五个环节，即自主学习（质疑存难）、小组合作（互教互学）、展示交流（答疑解难）、尝试应用（形成技能）、达标检测（总结反馈）。"四维"是指评价环节的四个维度，即个人自评、组内互评、组间互评、教师评价。"三结合"是指基本原则的三结合，即学习知识与发展能力相结合、主导与主体相结合、自主学习与合作学习相结合。同时，制度还规划了"STR"课堂教学模式的实施阶段，力争用2年时间，在学校全面推行"STR"课堂教学模式，全面提升我校教育教学质量。

四是为有效引导和评价"STR"课堂教学模式的实施，学校制定了《武汉市常青第一中学"STR"课堂教学模式课堂评价表》。"STR"课堂教学模式课堂评价表围绕小组合作、交流展示、尝试应用三个方面，分别从教师教学行为和学生学习状态两个方面明确了评价标准和量化赋分。在每周听评课和日常的教学中，每位教师以此评价表作为标杆，对标编写导学案、导练案，完善二次备课，开展课堂教学。

（三）完善学生活动制度，探索学生成长新途径

一是为了进一步建设"STR"课堂，进一步提高教育教学质量，学校制定了《武汉市常青第一中学课题研学活动实施方案》。方案整体规划了学校以生情国情为主的研学旅行活动校本课程，主张以"本区域植物多样性的考察"为突破口，分年级设计研学旅行的活动内容和形式，高一重在职业体验，高二重在磨砺意志，高三重在社会责任，体现出研学旅行的层次性，让学生在实际情境中认识与体验，培养学生的现代公民素养。方案明确了指导思想、工作目标、组织领导、师生团队选拔程序。方案对确定课题题目、制定研究计划、开展课题研究、中期交流完善、撰写研究报告、课题结题汇报等流程进行了详细的指导。

二是为全面提升学生研究实践能力，学校制定了《武汉市常青第一中学社团与主题活动序列化实施意见》。实施意见将学校社团活动课程分成了学科实验操作类社团、语言运用与欣赏类社团、艺体特长与爱好类社团三大类；明确了社团活动的时间和地点；依托科研水平强的学科教师团队，在不同领域进行深度探索，对学生的实践研究活动进行全程指导，陶冶道德情操，培养艺术情趣，提高科学素养，锻炼强健体魄，充实课余生活，促进身心全面发展。实施意见还将主题活动的内容进行整体设计，在时间层面将学期生活分为期初入学、期中转换、期末总结等三个主要节点；在学段层面分为高一重个性、高二重差异、高三重愿景三个维度；在内容层面分为常规、主题、特色三种载体，实现校园生活的转型，从学科走向生活，从知识走向能力，把"赏美""尚美""立美"等融入学校活动的各个方面，让学生沉浸于丰富的校园生活中，逐步有意识地发展。

三是为保障各年级各班的学习小组切实发挥作用，在全校形成"切问笃学、立德雅行"的学风，制定《武汉市常青第一中学"STR"学习小组建设的规范指引》。各班班主任是本班学习小组组建的召集人，各科任教师配合。依据各班实际情况，将班级学生分为 4 ～ 6 人的小组，每组设组长 1 人，学科组长若干名，各小组成员集中就座。对各小组进行编号，编号统一上墙。组长作为班级学生干部的一部分，参与班委会；班主任每周召集组长专题会，作出具体指导。每周班会，安排值周班干部通报各小组上周得分情况以及课前、课中、课后各阶段学习表现情况。按照"谁使用，谁培训"的原则，各科任教师对学组成员及组长进行学科教学模式操作的培训。按照及时性、公正性、激励性和团体性的原则，以学习小组为评价单位，将个人得分计入小组积分（三加一减），用小组总积分来量化学生的学习过程。班级每周授予积分前三名的小组为"优胜小组"，班内表彰；年级组每月授予班级积分前三名的小组为年级"优秀小组"，年级组表彰；学校每学期授予年级积分前八名的小组为学校"榜样小组"。

四是学生活动的开展离不开日常行为规范的教育，为此学校制定了《武汉市常青第一中学学生行为规范评价细则》。评价细则以正面激励为主，奖惩结合。奖励部分为通报表扬、称号表彰（优秀学生、优秀学生干部、优秀团员、优秀团干、优秀志愿者等）以及集体表彰（先进班集体、优秀团支部）等，明确了评选标准、评选流程。惩处级别分别为违纪通知（班级）、全校通报批评（年级组）和处分：警告、严重警告、记过、记大过、留校察看、开除学籍（政教处），明确了惩处内容和标准、惩处和撤销惩处程序。

（四）创新教师培养制度，打造研究型教师团队

一是为发挥"青桐计划"的师承作用，形成"师徒型人才链"，制定了《武汉市常青第一中学青桐计划师徒结对计划》。在学期初确定师徒结对名单，明确师徒职责，师傅从教学常规、课堂管理、教学基本功三个方

面应对徒弟进行认真细致地指导,每周至少听徒弟1节课,课后及时交流并作好听课记录。徒弟参加课堂教学评优等活动应给予认真指导、悉心帮忙。引导徒弟在日常教学中主动地进行教学反思,指导徒弟撰写好教学案例。

二是为充分发挥名师的示范、引领、辐射作用,促进优秀教师梯队的建设,加大对青年教师的培养力度,建设骨干教师队伍,制定《武汉市常青第一中学名师工作室实施方案》。成立名师工作室,工作室名师担任中青教师培养导师,负责组织各阶段教师按照培训计划开展各项培训指导及实践。方案要求名师立足"按需培训、立足教学、强化实践、开放合作"的工作思路进行教师培养,明确了名师工作室导师培养、项目领衔、成果辐射的主要职责,帮助中青年教师、骨干教师树立科学教育教学观,增强其教育教学的科研能力,提升其综合素养,为其发展为专家型名师奠定基础。

三是为提升教师综合素养,制定《武汉市常青第一中学教师五项技能竞赛方案》《武汉市常青第一中学教师读书分享活动方案》《武汉市常青第一中学教师才艺展示活动方案》等。通过开展青年教师岗位练兵、教师五项技能竞赛、读书分享会、教师才艺展示、外出培训学习等,为青年教师搭建成长平台,提供智力支持。

四是为进一步加强教师队伍的师德师风建设,不断提升教师队伍的整体素质,建设一支师德高尚、业务精湛的专业化师资队伍,制定《武汉市常青第一中学师德考核考评方案》。方案明确了考核对象、考核原则、考核方法和程序及考核结果的运用。学校每学期进行一次师德师风绩效考核,组织教师开展师德承诺服务,实行教师年度考核和评先、晋级"师德一票否决制",并将教师的师德考核纳入聘用考核体系。在考核中坚持标准、严格程序,确保考核结果的客观公正;对考核中发现的师德问题,分类梳理,制定整改措施,限期整改;对有师德问题的教师结合本人实际,制定整改计划,帮扶整改。建立师德考核档案,保存各种原始评议材料,

并将学年度师德考核结果存档备案。

三、学校制度文化的主要功能

（一）导向功能

导向功能包含两层意思：一是制度文化通过一系列规范使人们的行为纳入一定的轨道，以维持社会秩序，保证人类共同生活的正常进行。二是提供社会化的行为模式。行为模式就是指社会角色模型，即人们在社会化过程中所追求的理想目标、行为的榜样、准则。

《武汉市常青第一中学师德考核考评方案》规范了师德行为，引导学校广大教师敬业爱生，涌现一批厚德爱生、教书育人的先进典型。《武汉市常青第一中学岗位设置实施方案》对教师们的专业发展起到了很好的导向作用。大家对照岗位设置竞聘的基本条件、业绩条件，明确自己的中长期发展目标，寻找自己的专业发展措施，探索自己的专业成长路径。《武汉市常青第一中学"STR"课堂教学模式实施方案》《武汉市常青第一中学听评课制度》《武汉市常青第一中学"STR"课堂教学模式课堂评价表》等制度规范，引导教师转变教学观念，探索实践符合学生发展规律的新型课堂教学模式，教师备课注重合作性，课堂教学立足探究性，学生训练突出精准性，不断提升学生核心素养。《武汉市常青第一中学学习小组建设方案》引导学生自主思考，合作探究，强化学生的自主学习和同伴间的互动与知识共享，培养学生的信息收集、处理与运用能力，把课堂交给学生，把资源提供给学生，拓展课堂时空，让课堂彰显学生自主探究的主体性。

（二）激励功能

学校制度文化在约束人的同时也激励着人。如果只有约束没有激励，学校制度文化就成了纯粹束缚人的条条框框。成熟的学校制度文化具有激发人的积极性和能动性的作用，使学校成员激发出潜能、激情，朝着理想境界不断地努力奋斗。

《武汉市常青第一中学教职工全员聘用工作实施方案》创新了教师用人机制，"组阁权"的下放，让大部分教师感受到了"挑战和压力"，更激发了我们的办学活力。每一次全员聘用工作对每个人来说，都是一次新的机遇。能否把握好，如何把握，能否上岗，哪里上岗，关键在自己，最终取决于每个人平日里工作表现中的点点滴滴、方方面面。每个人在选择岗位前，都对自己来个回头看，审视一番，对自己进行一次客观评价，评估自己的价值，考虑一下自身的综合实力。教师与教师、班主任与班主任之间，有了选择比较就有了竞争，这种竞争既激发着深层次的合作，也给部分教师直接带来挑战，促使教师能客观地自我评估，反思提升，实现华丽的转身。这种反思和提升是来自教师思想深处的，是主动积极的，更是符合教师成长规律的。

《武汉市常青第一中学教学质量绩效考核办法》《武汉市常青第一中学班主任工作绩效考核办法》《武汉市常青第一中学行政及教辅人员绩效考核办法》《武汉市常青第一中学出勤绩效考核细则》等规定，充分尊重教师在教育教学等各方面的个性和差异，营造了"人人善于学习""人人善于研究"的良好研究氛围。

（三）整合功能

制度文化能起整合作用。所谓社会整合，就是指调整或协调不同因素的矛盾、冲突和纠葛，使之成为统一体系的过程和结果。制度强调的是稳定性与持续性，这种稳定性和持续性的制度对协调各种矛盾，促进群体的和谐至关重要。但制度整合过程又可能是利益与权力再调整与再分配的过程，在重新调整利益分配的过程中，通过新的制度的建立和不断的完善，使各种利益矛盾得以协调和解决，以求得新的平衡。学校是由众多人组成的集体，思想各异，行为不一，具有不同的利益诉求，要少产生矛盾和冲突，必须制定各种制度，明确各成员的地位和角色以及应有的权利和义务，调节学校各种利益关系。

《武汉市常青第一中学教职工全员聘用工作实施方案》为那些群众基础好、业务技术精、有组织管理能力的年轻同志搭建了成才的平台，提供了施展才华的舞台，同时也激发了其他同志学习榜样、争先创优的工作热情。学校不只给位置，同时也压担子，实行目标化管理，使受聘的年级组长、班主任、教研组长和备课组长在任期内任务明确，责任具体，这增强了他们的责任感和使命感，大家力争用精兵强将努力打造卓越团队，为实现学校年级组扁平化管理奠定了良好的基础。实行全员竞聘上岗制度，把具有竞争力的优秀人才选拔到了合适的岗位，优化了人才资源配置，增强了工作积极性和主动性，为学校的发展提供了动力，发挥了很好的整合功能。

第三节 "STR"课堂教学助推学校优质发展

一、促进学校课程体系的重构

学校确立课程育人目标为：使全体学生自主发展、和谐发展，培养学生的自信心、自学能力、团队精神、自我管理能力、出色的语言和口头表达能力，发展学生核心素养，为学生终身发展奠基。围绕这一育人愿景，结合新高考，学校对既有的"6+1+1"（"6"代表国家课程，"1+1"是指学科拓展类课程和综合选修类课程）课程体系进行了调整和完善，使之与培养和发展学生核心素养的育人目标相适应。调整后的课程体系分为国家核心课程、学科拓展课程和自主学习课程三大板块，课程内容凸显了基础性、多样性、自主性、研究性特色。

武汉市常青第一中学研究型课程体系

	1	2	3	4	5	6	7	8	9
周一							学科拓展课程		
周二			听评课						
周三			学科拓展课程	自主学习课程					
周四									
周五									学科拓展课程

国家核心课程主要安排国家课程中的必修和必选课程，注重学生基础学力的培养；学科拓展课程是指学科选修课程，以满足学生的个性发展需求；自主学习课程主要是学生以小组合作方式进行自主性、探究性学习，注重激发学生的好奇心和求知欲，培养学生的批判性思维、发现问题与解决问题的能力，让学生在实践与探究的过程中夯实文化基础，促进自主发展。

二、促进教学资源的校本化

"STR"教学模式在实施过程中遵循"四项基本原则"，即"以学为主，先学后教，以学定教，以学促教"。因此，编写高质量的导学案、导练案是"STR"课堂教学成功的关键。原来的教案和教辅资料完全由教师编写的导学案、导练案所取代，实现了教学资源的校本化。

（一）导学案与教案的区别

1.导学案和教案的侧重点不同

教案突出的是教什么、怎么教。在教的过程中，我们往往多于教师的传授，而少于学生的积极参与。教案更多的是让学生学会知识，掌握知识。而导学案不同，它突出的是学什么、怎么学。使学生在学习中不仅知其然，而且最好能知其所以然。这样一比较，就清楚地明确导学案和教案中主体的地位发生了根本的变化。

2.导学案与教案中主体的地位不同

导学案是教师钻研了教材之后，充分站在学生的角度编写出的自学提纲式的学习课文的步骤，并要给学生提供操作方法，它是引导学生循着老师所指的路线，一步一步独立地学习教材。教案当然也是在钻研教材的基础上去实施教学任务的，但教案的编写，教师往往是以自我为中心，以教材为内容，注重的是对学生知识的传授。而学习方法的习得，相对导学案就少得多。在运用教案的过程中，教师往往注重的也是"老师教"的方法，而很少去关注学生运用学习方法去学习教材。因而，导学案的编写是让老师注重学习方法过程的再现，要有可操作性的学习方法的引导，或有学习方法的渗透，让学生根据老师所提供的方法，一步一步学习和使用教材。

3.导学案与教案出发点不同

导学案是学生学习能力的反映，通过课前的预习完成导学案，我们能很好地了解学生的学习情况，便于我们在课堂教学中把握学情，能更突出教学重点，有的放矢地攻克薄弱点。而教案中，对学生学情的真正分析，我们只能进行预设，不像使用导学案那样了解得清楚明白。

4.导学案不同于教案

有了导学案的引领,学生能从老师编写的导学案提纲中,了解教师的设计思路,并循着教师的教学思路,快速地学习教材。而教案只在老师心中,学生是无法预先知晓老师的教学思路的。导学案不仅是我们"教路"的渗透,更是"学路"的引领。

另外,我们教案中设计的提问,在课堂上,学生回答的参与面通常不是很广,尽管老师的提问是面对全班的,可同学往往依赖于同伴的回答较多,自己思考得较少。而导学案就不同了,在导学案中我们设计的提问可变成群体行为,给每个学生都提供相同的思考空间和思考时间,对每个学生都有明细的指引。

(二)导学案与导练案的区别

1.导学案与导练案的侧重点不同

导学案侧重新授课内容的学习,导练案是导学案的延续,侧重对学生知识掌握情况进行检测,同时还可以对重难点知识进行巩固强化。

2.导学案与导练案编写的体例不同

导学案一般由五部分组成,正文部分包括授课要点、预习案、探究案、达标检测四个部分。导练案在体例上可以单纯地安排训练题,但是导练案的编写也必须遵循"课时化原则",即一课一练,当堂结清。

3.导练案与教辅资料训练题部分的区别

二者最大的不同在于与我校学生实际和教学实际的适配性不同。

(1)我校教师自己编写的导练案更贴近我校生源的实际水平,训练更有针对性和实效性。

(2)导练案有利于教师控制训练题的容量,确保实现一课一练。

（三）导学案的功能定位

教师由学生学习的指导者变为学生学习的策划者、组织者、促进者、引导者，从而在根本上改变了学生的学习方式。所以导学案为学生的自主学习提供了六个作用：

（1）学生自主学习的路线图，为学生高效地自主学习提供了有效途径。

（2）课堂知识结构体系的呈现表。

（3）学生课堂展示的备份材料。

（4）学生课堂学习的随堂记录本。

（5）自我反思小结的文本材料。

（6）以后复习巩固使用的学习材料。

导学案设计质量的高低决定了学生的学习质量，让学生能够通过教师设计的导学案增长知识、形成能力。因此，编写导学案的第一要求就是教师要有高度的责任感，在此前提下寻求一些好方法。

（四）导学案编写中的备课要求

基本模式是"提前分工、轮流主备、集体研讨、优化学案、师生共用"。

（1）提前分工、轮流主备：备课组长将内容进行分工，主备教师提前一周拿出"学案"初稿，分发给本组教师。

（2）集体研讨、优化学案：备课组长提前一周召集全体组员就一周内所要讲的内容进行说课，着重围绕如何确定教学目标和教学内容，选择教学方法，设计教学流程，分析学生情况等方面的内容。

（3）课前备课：由于各个班级的学情不同，任课教师对导学案再次进行阅读理解和补充完善，实施个性化备课。

（4）课后备课：师生共用导学案实施课堂教学，课后，教师在导学案的有关栏目或空白处填写"教后记"或"课后反思"，用于下次集体备课时小组交流。

（5）整理成册：教研组长负责将每位教师的导学案整理成册（本组内保留电子稿），作为本备课组的教学讲义，每学期交教务处一份，以备检查和存档。

（五）导学案的编写模式及编写原则

导学案一般由五部分组成：

题头部分：编制人、审核人、导学案编号、使用日期、学习小组编号、学生姓名等。

授课要点：学习目标、重点难点、知识链接、学法指导等。

预习案：熟读教材，提炼知识点，落实基础知识。

探究案：设置探究问题，解决重难点问题。

达标检测：检验学习效果。

（1）学习目标。

学习目标的制定要明确，具有可检测性，使本节内容的当堂检测题能够与之相对应。

学习目标设置的具体要求：

①数量以 3 个为宜，不能太多。

②可在目标中将学生自学中会涉及的重、难点以及易错、易混、易漏等内容做出标注，以便引起学生高度重视。

③目标内容应明确具体，而且可操作，能达成。教师需准确地为学生的学习目标定位。学习目标既不能过低，使学生达不到基本的学习要求。又不能过高，使得大多数学生经过努力也很难达到。如果目标确定得不适当，学生很难实现高效学习。

（2）学法指导。

有两种常见的形式：

第一种是本学科的研究方法。如化学中常见的研究方法有：分析归纳法、等效（替代）法、建立理想模型法、控制变量法、实验推理法、转换法、类比法等研究方法。

第二种学法是学生平时普遍的学习方法。如：阅读的技巧、做笔记的方法，自主学习的方法、小组合作的技巧等。

在课堂教学中应逐渐渗透各种方法。或在导学案中引导学生领会理解，或者提出明确的要求，也可以口头说明。在每节课中都要注意学法指导的基础性、发展性。

（3）学习内容。

①熟读文本，提炼知识点（预习案）。

学生通过熟读文本，能够独立归纳整理出本课的知识点，对重点、难点问题有初步认识；教师编制导学案时，可以将知识点设置成若干问题，以简答、填空等形式出现，但不能破坏知识的整体性。

②运用知识点解决实际问题（探究案）。

这是导学案的核心，要体现导学、导思、导练的功能，学生通过独学、对学和群学等途径，能够运用知识点解决实际问题。

③编写导学案这部分内容时应注意的原则：

课时化原则；问题化原则；方法化原则；层次化原则。

A. 课时化原则。

在每个学科新教材中，一些章节的内容用一课时是不能完成的，因此需要教师根据实际的上课安排，分课时编写导学案，使学生的每一节课都有明确的学习目标，能有计划地完成学习任务，最大限度地提高课堂教学效率。

B. 问题化原则。

将知识点转变为探索性的问题点、能力点，通过对知识点的设疑、质疑、解释，从而激发学生主动思考，逐步培养学生的探究精神以及对教材的分析、归纳、演绎的能力。

问题的呈现不能用一个一个填空的方式，避免学生照课本填空，对号入座，不能用教学参考上的题目，学生如果从参考书上找到答案，也抑制了学生的积极思维。通过精心设计问题，使学生意识到：要解决教师设计的问题不看书不行，看书不看详细也不行，光看书不思考不行，思考不深不透也不行。让学生真正从教师设计的问题中找到解决问题的方法，学会看书，学会自学。

C. 方法化原则。

导学案中应体现教师必要的指导和要求。教师指导既有学习内容的指导与要求，又有学习方法的指导。

D. 层次化原则。

导学案要有梯度，能引导学生由浅入深、层层深入地认识教材、理解教材。能引领学生的思维活动不断深入。还应满足不同层次学生的需求，要使优秀生从导学案的设计中感受到挑战，一般学生受到激励，学习困难的学生也能尝到成功的喜悦。要让每个学生都学有所得，最大限度地调动学生的学习积极性，提高学生学习的自信心。

（4）达标检测。

达标检测题的编写及使用的具体要求：

①题型要多样，题量要适中，以5分钟左右的题量为宜。

②紧扣本课制定的学习目标，具有针对性和典型性。

③难度适中，即面向全体，又关注差异。建议可设置选做题部分，促进优生成长。

④规定完成时间，要求独立完成，培养学生独立思考的能力。

⑤注重及时反馈矫正。反馈与矫正的基本要求是"适时反馈，及时矫正；真实反馈，准确矫正"。反馈矫正不仅仅是书面练习、检测，也可以是提问、展示、练习等多种形式。

（六）使用导学案对师生的要求

（1）教师提前1～2天将导学案发给学生，学生独立完成后交给教师批阅，教师对导学案全批全改，了解学情，二次备课，进一步优化教学策略。

（2）教师要以学定教、灵活利用。课堂上要随时把握学情，灵活进行调控，做到学生本人能处置的问题不讲，教师只讲学生的疑点，引导学生总结规律、提炼方法，最大限度地减少多余的讲解和不必要的指点，确保学生有足够的学习和训练时间。

（3）课堂上注意提醒学生做好笔记，以便此后复习。

（4）每隔一周将各科导学案进行归类整理，装订成复习材料。

（七）编写、使用导学案还应注意的几个问题

（1）能否编写高质量的导学案是一节课成败的关键，它能体现教师的"支架"作用。使用时要求教师要清楚何时点拨、点拨什么内容（易错知识点、易混知识点、方法、规律、知识结构、注意事项、拓展等）。

（2）教师在编制导学案时，必须把握好对教材的"翻译"，把教材严谨的、逻辑性极强的、抽象的知识，翻译成能读懂的、易接受的、通俗的、具体的知识，帮助学生确定适当的学习目标，并给出达到目标的最佳途径。

（3）导学案是为学生学习服务的，必须从有利于学生学习操作的角度思考创作，要始终把学生放在主体地位；导学案可根据学习内容的需要，增加"使用说明与学法指导""知识支持"等补充说明、信息提供、方法指导的栏目。

（4）可根据不同的课型编制不同的学案，如新授课中的预习性导学案、复习课中的检测性导学案、专题性导学案等。

附：导学案样本

高中地理必修一第一章第三节
地球的历史

姓名：<u>胡利梅</u>　　学科：<u>地理</u>　　单位：<u>武汉市常青第一中学</u>

【学习目标】

运用地质年代表等资料，简要描述地球的演化过程。（课标）

1. 据图说出沉积岩地层、古生物化石、地质年代表构建的关系。

2. 通过地质年代表等资料，简要描述不同地质年代的时间尺度。

3. 描述不同地质年代的地球环境及古生物特点。

【使用说明及学法指导】

1. 根据【预习案】通读教材，进行知识梳理；勾画课本知识点并作适当标注。

2. 将预习中未能解决的问题标出，填入"我的疑惑"处。

≫ 课前预习 ≪

【课前安排】

学生根据教师在武汉教育云平台推送的微课、视频及相关资料，进行自主预习并填写导学案。

分成六组，可利用周末去博物馆观察化石，并分别收集整理地球演化历程的四个阶段（前寒武纪—古生代—中生代—新生代）的相关资料，以备课堂交流展示。

任务一：第一组：A、B两地是否具有同一时代的地层？将同时代的地层用虚线连接起来，猜想两地地层产生差异的原因。

任务二：第二组：若将地球46亿年的历史压缩为一天24小时，地球诞生于0点，你能算出图中的时间分别大致对应一天中的什么时刻吗？

任务三：第三组：前寒武纪的地球环境及古生物特点。

任务四：第四组：古生代的地球环境及古生物特点。

任务五：第五组：中生代的地球环境及古生物特点。

任务六：第六组：新生代的地球环境及古生物特点。

【预习点一】化石与地质年代表

1. 地球的历史：约46亿年，研究_____是认识地球历史的主要途径。

2. 地层与化石

（1）地层：地层是具有时间顺序的_____状岩石。沉积岩的地层特点：

①具有明显的_____构造；

②先沉积的在_____，后沉积的在_____；

③有可能有_____，且同一时代的地层其化石相同或相近；

④地层所含化石越低级、越简单，地层就越_____。

（2）化石：在_____的形成过程中，有些生物的遗体或遗迹会在_____中保存下来，形成化石。

（3）地层与化石的关系：同一时代的地层往往含有相同或者相似的化石，越古老的地层含有越低级、越简单生物的化石。岩石中包含的_____可以反映古地理环境和生物特征，生物总是从_____到_____，从_____到_____，从水生到陆生。

（4）研究意义：通过研究_____和_____，可以了解地球的生命历史和古地理环境。

注意：未经变动的岩层，形成早的在下，形成晚的在上，但若受到内外力的影响，可能会出现早形成的在上，晚形成的在下的情况。

3.地质年代表

根据____、____、____等,科学家把漫长的地球历史按照____、____、____等时间单位进行系统编年,这就是____。

【预习点二】地球的演化历程

在掌握生物进化与环境演变的简史中,重点抓住以下几条线索:

(1)时间变化:从____古代→____古代→____生代→____生代→____生代(可用首字"太元古中新"加以记忆)。

(2)动物演化:动物孕育、萌芽和发展的初期阶段→海生____时代→鱼类时代→____时代→爬行动物时代→____时代→人类时代。

(3)植物变化:海生____时代→陆上____植物时代→____植物时代→____植物时代。

我的疑惑:_____

≫ 课堂探究 ≪

【合作探究一】A、B两地是否有同一时代的地层?将同时代的地层用虚线连接起来,猜想两地地层产生差异的原因。

_____

_____

_____

【合作探究二】若将地球46亿年的历史压缩为一天24小时,地球诞生于零点,你能算出图中的时间分别大致对应一天中的什么时刻吗?

_____

_____

_____

【合作探究三】前寒武纪的地球环境及古生物特点（完成下表）

【合作探究四】古生代的地球环境及古生物特点（完成下表）

【合作探究五】中生代的地球环境及古生物特点（完成下表）

【合作探究六】新生代的地球环境及古生物特点（完成下表）

地质历史时期		生物演化		地表演化	矿产形成	气候演化
		植物	动物			
前寒武纪	冥古宙					
	太古宙					
	元古宙					
距今5.41亿年						
古生代	早古生代					
	晚古生代					
距今2.52亿年						
中生代						
距今0.66亿年						
新生代						

≫ 课堂小结 ≪

_____

_____

_____

_____

≫ 当堂检测 ≪

山东诸城是中生代地层较为发育的小型盆地，被古生物专家誉为"世界恐龙化石宝库"。如图是诸城发掘出土的角龙科恐龙化石。据研究，该类恐龙体型较大，多以植物的嫩枝叶和多汁的根、茎为食。据此完成1—2题。

1. 该化石所在岩层（　　）。

    A. 下部岩层年龄新　　　　　　B. 为多气孔构造

    C. 层理结构不明显　　　　　　D. 属于沉积岩

2. 推测该角龙存在时期诸城的气候特征为（　　）。

    A. 温暖湿润　　　　　　　　　B. 炎热干燥

    C. 寒冷干燥　　　　　　　　　D. 低温湿润

读图表，完成 3—4 题。

距今年代	1.4亿年	3.3亿年		
植物界	被子植物	裸子植物	（蕨类植物）	海生藻类
动物界		（鱼类）	两栖动物	（叶）
代		甲	乙	

3. 关于甲、乙两个地质年代示意图，下列说法正确的是（　　）。

    A. 甲是古生代，乙是中生代　　B. 甲是中生代，乙是古生代

    C. 甲是古生代，乙是元古代　　D. 甲是新生代，乙是古生代

4. 乙的末期（　　）。

    A. 蕨类植物明显衰退　　　　　B. 恐龙灭绝

    C. 出现被子植物　　　　　　　D. 爬行动物盛行

三、促进教研体系的优化

（一）教研载体的多样化

为增强教师推进"STR"课堂教学模式和新课程新教材的综合施教能力，学校组建了多类别研究型团队，搭建多样化的教研科研平台，设立三个系列九大名师工作室，并进一步建设常青一中"校本数据中心"，为教学评价、信息技术与教育教学深度融合等方面提供技术支持和数据支撑。

组建多类别研究型团队。学校以备课组为单位组建导学案、导练案研究团队；以项目式教学为平台组建跨学科融合研究团队；以教育教学实证研究为抓手组建科研骨干团队等。通过组建多类别研究型团队，鼓励教师通力合作，提升教师综合素养，并让研究方向更为精准、具象，形成支持教与学的氛围。

搭建多样化的教研科研平台。在"教学即研究，问题即课题"的理念下，学校组织教师开展广泛的教研活动，构建"基于问题、课例跟进、同伴互助、专家引领"的校本教研模式；在课题运行机制方面，学校以校级课题和省市规划课题为依托，积极组织教师针对教育教学中的实际问题开展课题研究，着力构建教师个体研究机制、同伴互动研究机制、聚焦问题研究机制等多样化的课题运行机制；在上述过程中，学校注重强化教师的理论思维和成果意识，不断提高教师的理论修养和学术水平。

建立教师成长促进机制。首先，学校在进一步完善我校市区"名师工作室"培养机制的基础上，组建了教师专业发展研究团队，通过增加名师工作室的门类，提升名师工作室的精细化和专业化水平；其次，发挥"青桐计划"的师承作用，形成"师徒型人才链"，调整此前"一师一徒"的结对模式，发挥"转益多师效应"。再次，建立多元校本培训体系，加强研究方法的培训和指导，帮助教师更新观念、涵养思想，提高教师的理论水平和研究能力。

（二）集体备课活动与教研活动的规范化

1.规范活动时间与活动主题

根据安排，教研组每周活动有两次，一次是周二的第3～4节课的讲评课活动，即集体备课活动；另一次活动是教研组活动。集体备课活动一般以备课组为单位，主题是研究导学案、导练案的编写，教师上"STR"课、说课和评课。而教研活动一般以教研组为单位进行教学研究，主要研究高考（研究高考大纲、研究高考命题方向）、研究课题、研究教材等。另外集体备课活动由备课组长主持，教研活动由教研组长主持，所以二者在形式和内容上都是有区别的。

2.规范活动标准

在集体备课活动时，教研（备课）组长根据教务处的安排提前一天通知授课教师做好上课和说课的准备，同时将集体备课时要讨论商量的内容列成清单，以便集体备课活动时思路清晰、任务明确及时解决具体问题。

授课教师在说课时应从以下八个方面进行：

①本节课的核心、重点，对知识及能力的要求，对教材整合的设想，课堂整体设计思路。

②自主学习的任务是如何安排的、导学案的编写环节。

③确定学生展示什么、怎样展示、什么类型的学生展示。

④对课堂讨论、课堂演示活动的组织情况。

⑤如何进行点评和点拨？

⑥预测学生质疑的问题、新生问题及点拨讨论策略。

⑦当堂检测反馈的要点、补偿训练安排的内容。

⑧信息技术使用的情况。

附：研究性学习集体备课展示活动评价表

课题		备课组		授课人		日期	
评分要点	①主备人说课质量					分数	
	②其他教师提出补充、完善、修订意见。讨论的气氛，讨论是否有质量						
	③备课组长的组织和总结						
赋分环节	（10分）1.说本节课的核心、重点赋分环节知识及能力要求；对教材整合的设想和课堂整体设计思路						
	（10分）2.说自主学习的任务安排、导学案的编写细节						
	（15分）3.说展示什么、展示形式、由什么类型的学生展示						
	（10分）4.说课堂讨论、课堂演示活动的组织						
	（15分）5.说点评和点拨引导的重点难点						
	（10分）6.预测学生质疑的问题、新生成问题及点拨讨论策略						
	（10分）7.说当堂检测反馈的要点，或补偿训练的内容						
	（10分）8.说合理使用多媒体，如教育云平台、展示台、Word、PPT、数字化实验						
	（10分）9.备课组长的组织和总结。						
亮点点评				评价人		总分	

四、促进课堂教学评价标准的改进

　　我国传统课堂教学评价标准主要关注"以教论教"视角下的教学目标、教学内容、教学过程、教学结果等维度，很明显这是一种"教师中心"的效能尺度，忽视了学生发展和教学的育人属性。随着形成性、发展性等评价理念的提出,有效教学、深度学习、学习中心等教学理念的发展,翻转课堂、智慧课堂、慕课等教学模式的应用,信息技术的发展和大数据时代的到来,评价标准逐渐开始关注"学"与"评"的内在联系,旨在推进素质教育,深化教学改革。

从本章附录中的课堂教学评价表可以看出,在实施"STR"课堂教学改革之前,学校采用的课堂教学评价标准主要着眼于教师的"教",关注教师的教学目标、教学内容、教学过程和教学能力等情况。而"STR"课堂教学评价标准倡导"促进学习"的课堂教学评价理念,关注小组合作、展示交流、尝试应用等每一个教学环节中的教师教学行为和学生的学习状态,真正体现了教师主导与学生主体的统一。

附1

2014年春季学期青年教师优质课比赛
课堂教学评价表

执教教师:_____ 学科:_____ 课题:_____

评价要素	评价项目	评课标准	分值	合计
教师 50分	教学目标 (10)	1. 教学目标全面、准确、具体、可行	4	
		2. 努力体现三维目标	6	
	教学内容 (10)	1. 从学生实际和教学要求出发,创造性地使用教材	4	
		2. 教学内容安排合理,难易适度	6	
	教学过程 (20)	1. 为学生创设主动学习的情境,提供充分的思考、探究、研讨的时空	4	
		2. 恰当地使用教学媒体和技术	4	

续　表

评价要素	评价项目	评课标准	分值	合　计
教师 50分	教学过程 （20）	3. 教学方法灵活多样，努力培养学生的创造思维	4	
		4. 师生关系平等、民主，教学气氛活跃愉快	4	
		5. 适当地运用评价策略	4	
	教学能力 （10）	1. 具有过硬的教学基本功和教学艺术	5	
		2. 熟练地驾驭课堂和教材，能捕捉到课堂教学中的各种信息，并灵活果断地采取恰当有效的策略和措施	5	
学生 40分	学习情感 （10）	1. 能积极主动参与学习活动	5	
		2. 有勇于探究/解决问题的强烈欲望和实事求是的科学态度	5	
	学习方式 （10）	在教师的指导下，能进行有效地自主学习、合作学习、探究学习	10	
	学习能力 （10）	1. 善于倾听，能收集处理信息	5	
		2. 有发现问题、发表意见、解决问题的意识	5	
	学习效果 （10）	1. 达到教学目标，在原有的基础上获得发展	5	
		2. 能够进行自我评价	5	
教学特色 10分		教师要充分调动自己教学素养条件的能动性，在教学语言、教学方法、学法引导等方面表现出浓郁的个人特色，努力展示自己独特的教学风格	10	
综合评价			总分	

附2

武汉市常青第一中学
"STR"课堂教学模式课堂评价表

课题_____ 日期_____ ____年__月__日

教师		班级	学科		赋分	评分等级分数			得分
						优	良	一般	
（一） 小组合作 （20分）	教师 教学 行为	1. 能创设学习情境新颖，激发学生求知、探索、发现的欲望和活力，培育民主、和谐、安全的学习环境			3	3	2	1	
		2. 能整合问题，提出有质量的问题，问题有启发性			3	3	2	1	
		3. 教学目标和展示环节明确、具体			4	4～3	3～2	2～1	
	学生 学习 状态	1. 能通过组内互助等方式，主动解决自己的错题			3	3	2	1	
		2. 小组任务分配合理，能确定展示和点评主讲人			3	3	2	1	
		3. 小组内能积极讨论分享，群策群力，准备展示内容			4	4～3	3～2	2～1	
（二） 展示交流 （60分）	教师 教学 行为	1. 善于鼓励引导学生展示，组织讨论、探究有实效性			6	6～5	5～3	3～1	
		2. 善于引发学生的认知冲突，点燃学生思维的火花，激起相互间的质疑对抗			6	6～5	5～3	3～1	
		3. 能机智驾驭课堂，灵活处理预设与生成的关系			6	6～5	5～3	3～1	

续 表

教师		班级	学科		赋分	评分等级分数			得分
						优	良	一般	
（二）展示交流（60分）	教师教学行为	4. 讲解精炼，点拨到位，总结规律，给出方法			6	6～5	5～3	3～1	
		5. 评价简洁精辟，能有效调动学生的积极性和聪明才智			6	6～5	5～3	3～1	
	学生学习状态	1. 整个学习过程注意力集中，能积极思考，认真倾听			6	6～5	5～3	3～1	
		2. 展示充分，台风自信。站姿端正自然。声音洪亮，语言组织简洁。板书规范、整洁。能脱稿或半脱稿			6	6～5	5～3	3～1	
		3. 合作探究的氛围融洽，探究有效。学生之间能认真倾听，相互鼓励帮助。敢于上台展示			6	6～5	5～3	3～1	
		4. 学生点评能把握分寸，抓住要害			6	6～5	5～3	3～1	
		5. 敢于质疑，回答具有创造性，能主动提出新问题			6	6～5	5～3	3～1	
（三）尝试应用（10分）	教师教学行为	1. 能准确了解学生当堂学情，小结、梳理、总评全面有效			4	4～3	3～2	2～1	
		2. 尝试应用的试题设计合理			3	3	2	1	
		3. 在课堂40分钟完成教学，未拖堂			3	3	2	1	
	学生学习状态	1. 能运用所学知识，自主地、创造性地解决问题。各层次学生均有收获，知识、能力、情感态度、价值观都得到发展			4	4～3	3～2	2～1	
		2. 能概述总结本节课知识，明确知识结构			3	3	2	1	
		3. 能与老师互动配合，公正地完成一节课的总评			3	3	2	1	
课堂亮点					总分	100	总得分		

五、促进学校教育质量的提升

（一）学生学业成绩稳步提升

实施"STR"教学模式改革以来，学校的教学质量突飞猛进，高考成绩节节攀升，引起了社会的广泛关注和好评。2018年我校一批录取上线81人，2019年一批录取上线96人，较2018年增长15人。2020年高考，学校一本率和高分层均实现了前所未有的突破：大文大理600分以上4人，理科最高分657分，大文大理一批上线61人，全口径一批上线117人，较2019年增长21人。

学校办学水平的不断提升得到了社会和家长的广泛认可。2018年我校中招录取分数线位居第二批录取学校之首（高出市级示范控制线12分），其中录取的最高分为473分，平均分430.8分。2019年我校在计划扩招50人的不利条件下，仍取得了中招录取分数线418分（高出市级示范控制线14分）的良好成绩，生源质量位居全市二批强校之列。2019年我校共计招生350人，最高分473分，平均分432分，其中江汉区前1000名（一批希望生）录取68人，较2018年（56人）增长12人，较2017年（52人）增长16人。

（二）学生综合素质全面发展

学校还将学生探究精神的培养从课内延伸到课外，积极开展研究型实践活动。学生社团凸显专业性，以研究性课题为载体，积极发挥专业实验室的功能，依托科研水平强的学科教师团队，在化学、生物学、数学和通用技术等方向上进行深度探索，对学生的研究活动进行全程指导，提高学生的科学素养。研学旅行突出层次性，整体规划以省情国情为主的研学旅行活动作为校本课程，以"本区域植物多样性的考察"为突破口，分年级设计研学旅行的活动内容和形式，高一重在职业体验，高二重在磨砺意志，高三重在社会责任，让学生在实际情境中认识与体验。

2019年5月，武汉市启动中小学自然生态课题研学活动，面向社会公开征集具有深厚专业背景、突出科研能力的高等院校、科研院所和校外行业机构，针对某一课题，组建导师团队、带领中小学生开展深度研学。李仁青等5名学生组成课题研学团队，前往中科院水生所藻类生物技术和生物能源研发中心参观，用显微镜观察、培养细胞等，并通过团队讨论，撰写研究报道。李仁青认为这次课题研学活动，极大地激发了她学习与研究的兴趣："科研人员看似在做一些很小的事情，但实际上对我们的生活、健康、环境都很有帮助，希望我以后也能从事这方面的研究工作。"今年，李仁青负责课题的汇报工作，向导师们汇报他们的研究成果，导师们根据项目参与度、完成度以及现场答辩表现进行评选。他们团队所承担的"奇妙的微藻世界"这一课题获得一等奖。

第三章　"STR"课堂教学与学生发展

第一节　基于"STR"课堂教学的学生核心素养

一、落实高中学生核心素养是时代发展的需要

学生发展核心素养是时代对学生发展提出的新要求，但是，它本质上要解决的还是培养什么样的人的老问题，"培养什么样的人"的问题，就是培养目标问题。从古到今，我们所有从事教育的人都要回答这个问题。古代的教育强调培养"圣人"，民国时期提出完全人格教育。中华人民共和国成立后，我们提出了全面发展教育，一是培养建设者和接班人，二是要达到身心全面发展的要求；后来又提出了综合素质教育，实际上是针对应试教育造成的片面发展，强调先天后天素质发展的综合性教育。现在，我们谈发展学生核心素养，是为了学生终身幸福和社会健康发展的统一。所以说，发展学生核心素养，实际上是对我们过去的"培养什么样的人，他应该具备什么样的素养"这个问题的一些具体化、深化。

教育部在《关于全面深化课程改革落实立德树人根本任务的意见》中，明确把核心素养的内涵界定为学生应具备的适应终身发展和社会发展需要的必备品格和关键能力，这里的必备品格包括：自律自制自主、尊重公德合作、认真责任态度，关键能力则包括：阅读能力、思考能力、表达

能力。

由北师大教授林崇德教授挂帅的核心素养课题组历时三年集中攻关，并经教育部基础教育课程教材专家工作委员会审议，最终形成研究成果，确立了以下高中学生六大核心素养十八个要点。

（一）核心素养的总体框架

中国学生发展核心素养，以科学性、时代性和民族性为基本原则，以培养"全面发展的人"为核心，分为文化基础、自主发展、社会参与三个方面。综合表现为人文底蕴、科学精神、学会学习、健康生活、责任担当、实践创新六大素养，具体细化为：人文积淀、国家认同等十八个基本要点。根据这一总体框架，可针对学生年龄特点进一步提出各学段学生的具体表现要求。

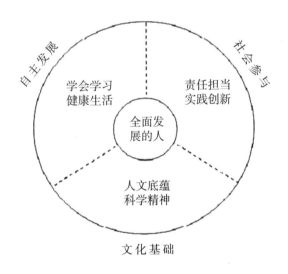

（二）核心素养的基本内涵

1. 文化基础

文化是人存在的根和魂。文化基础，重在强调能习得人文、科学等各领域的知识和技能，掌握和运用人类优秀智慧成果，涵养内在精神，追求真善美的统一，发展成为有宽厚文化基础、有更高精神追求的人。

（1）人文底蕴。主要是学生在学习、理解、运用人文领域知识和技能等方面所形成的基本能力、情感态度和价值取向。具体包括人文积淀、人文情怀和审美情趣等基本要点。

（2）科学精神。主要是学生在学习、理解、运用科学知识和技能等方面所形成的价值标准、思维方式和行为表现。具体包括理性思维、批判质疑、勇于探究等基本要点。

2. 自主发展

自主性是人作为主体的根本属性。自主发展，重在强调能有效管理自己的学习和生活，认识和发现自我价值，发掘自身潜力，有效应对复杂多变的环境，打造出彩人生，发展成为有明确人生方向、有生活品质的人。

（1）学会学习。主要是学生在学习意识形成、学习方式方法选择、学习进程评估调控等方面的综合表现。具体包括乐学善学、勤于反思、信息意识等基本要点。

（2）健康生活。主要是学生在认识自我、发展身心、规划人生等方面的综合表现。具体包括珍爱生命、健全人格、自我管理等基本要点。

3. 社会参与

社会性是人的本质属性。社会参与，重在强调能处理好自我与社会的关系，养成现代公民所必须遵守和履行的道德准则和行为规范，增强社会责任感，提升创新精神和实践能力，促进个人价值实现，推动社会发展进步，发展成为有理想信念、敢于担当的人。

（1）责任担当。主要是学生在处理与社会、国家、国际等关系方面所形成的情感态度、价值取向和行为方式。具体包括社会责任、国家认同、国际理解等基本要点。

（2）实践创新。主要是学生在日常活动、问题解决、适应挑战等方面所形成的实践能力、创新意识和行为表现。具体包括劳动意识、问题解决、技术应用等基本要点。

（三）核心素养的主要表现

1. 文化基础——人文底蕴

（1）人文积淀。重点是：具有古今中外人文领域基本知识和成果的积累；能理解和掌握人文思想中所蕴含的认识方法和实践方法等。

（2）人文情怀。重点是：具有以人为本的意识，尊重、维护人的尊严和价值；能关切人的生存、发展和幸福等。

（3）审美情趣。重点是：具有艺术知识、技能与方法的积累；能理解和尊重文化艺术的多样性，具有发现、感知、欣赏、评价美的意识和基本能力；具有健康的审美价值取向；具有艺术表达和创意表现的兴趣和意识，能在生活中拓展和升华美等。

2. 文化基础——科学精神

（1）理性思维。重点是：崇尚真知，能理解和掌握基本的科学原理和方法；尊重事实和证据，有实证意识和严谨的求知态度；逻辑清晰，能运用科学的思维方式认识事物、解决问题、指导行为等。

（2）批判质疑。重点是：具有问题意识；能独立思考、独立判断；思维缜密，能多角度、辩证地分析问题，做出选择和决定等。

（3）勇于探究。重点是：具有好奇心和想象力；能不畏困难，有坚持不懈的探索精神；能大胆尝试，积极寻求有效的问题解决方法等。

3. 自主发展——学会学习

（1）乐学善学。重点是：能正确认识和理解学习的价值，具有积极的学习态度和浓厚的学习兴趣；能养成良好的学习习惯，掌握适合自身的学习方法；能自主学习，具有终身学习的意识和能力等。

（2）勤于反思。重点是：具有对自己的学习状态进行审视的意识和习惯，善于总结经验；能够根据不同情境和自身实际，选择或调整学习策略和方法等。

（3）信息意识。重点是：能自觉、有效地获取、评估、鉴别、使用信息；具有数字化生存能力，主动适应"互联网+"等社会信息化发展趋势；具有网络伦理道德与信息安全意识等。

4. 自主发展——健康生活

（1）珍爱生命。重点是：理解生命意义和人生价值；具有安全意识与自我保护能力；掌握适合自身的运动方法和技能，养成健康文明的行为习惯和生活方式等。

（2）健全人格。重点是：具有积极的心理品质，自信自爱，坚韧乐观；有自制力，能调节和管理自己的情绪，具有抗挫折能力等。

（3）自我管理。重点是：能正确认识与评估自我；依据自身个性和潜质选择合适的发展方向；合理分配和使用时间与精力；具有达成目标的持续行动力等。

5. 社会参与——责任担当

（1）社会责任。重点是：自尊自律，文明礼貌，诚信友善，宽和待人；孝亲敬长，有感恩之心；热心公益和志愿服务，敬业奉献，具有团队意识和互助精神；能主动作为，履职尽责，对自我和他人负责，能明辨是非，具有规则与法治意识，积极履行公民义务，理性行使公民权利；崇尚自由平等，能维护社会公平正义；热爱并尊重自然，具有绿色生活方式和可持续发展理念及行动等。

（2）国家认同。重点是：具有国家意识，了解国情历史，认同国民身份，能自觉捍卫国家主权、尊严和利益；具有文化自信，尊重中华民族的优秀文明成果，能传播弘扬中华优秀传统文化和社会主义先进文化；了解中国共产党的历史和光荣传统，具有热爱党、拥护党的意识和行动；理解、接受并自觉践行社会主义核心价值观，具有中国特色社会主义共同理想，有为实现中华民族伟大复兴的中国梦而不懈奋斗的信念和行动。

（3）国际理解。重点是：具有全球意识和开放的心态，了解人类文明进程和世界发展动态；能尊重世界多元文化的多样性和差异性，积极参与跨文化交流，关注人类面临的全球性挑战，理解人类命运共同体的内涵与价值等。

6. 社会参与——实践创新

（1）劳动意识。重点是：尊重劳动，具有积极的劳动态度和良好的劳动习惯；具有动手操作能力，掌握一定的劳动技能；在主动参加的家务劳动、生产劳动、公益活动和社会实践中，具有改进和创新劳动方式、提高劳动效率的意识；具有通过诚实合法劳动创造成功生活的意识和行动等。

（2）问题解决。重点是：善于发现和提出问题，有解决问题的兴趣和热情；能依据特定情境和具体条件，选择制订合理的解决方案；具有在复杂环境中行动的能力等。

（3）技术运用。重点是：理解技术与人类文明的有机联系，具有学习掌握技术的兴趣和意愿；具有工程思维，能将创意和方案转化为有形物品或对已有物品进行改进与优化等。

二、"STR"课堂教学产生的背景

（一）当前学生培养存在的问题

1. 学生的价值观和社会意识薄弱

随着社会竞争压力的增大和人们思想观念的转变，传统文化的道德观对学生的影响越来越小，部分学生缺乏科学正确的价值观念，缺乏自觉意识、自理能力，在成长过程中感恩意识淡薄。同时，社会意识薄弱，缺乏责任担当、奉献社会精神，适应社会能力较弱。

2. 学生对自身职业发展规划缺乏清晰的认识

很多学生在求学期间没有明确的方向和目标，在大学生活中抱着得过且过的心态，在日复一日的茫然中失去了对学习的兴趣和信心，变成了为应付考试而进行的被动式学习，同时对职业期望过高，对自身能力没有明确的认识。

3. 教学模式缺乏创新

虽然教师大多具有扎实的知识基础、过硬的专业技能，但大多教师在教学过程中的教学形式仍旧摆脱不了传统教学模式的束缚，缺乏创新，大多以"填鸭式"教学为主，对学生的学习情况重视不足，无法准确评估学生的学习情况，且灌输式的教学使得课堂枯燥无味，降低了学生学习的积极性，课堂氛围压抑僵硬，不利于教学效率和教学质量的提升。

4. 学生自主学习能力较低

当前课堂教学多以教师讲授为主，没有深入关注学情，学生多数被动依赖教师，接受灌输式教学，欠缺主动深入的思考和实践，自主学习能力较低。

（二）学校发展学生核心素养的实施途径

普通的课堂已无法满足学生核心素养的培养，课堂教学急需进行改革创新，以满足时代发展和学生发展的需要。从教育部 2016 年正式发布"学生发展核心素养"以来，各个区域、各个学校都在考虑学生发展核心素养如何落地生根的问题。学生发展核心素养只是对学生发展提出了总体要求，没有提出分学段和分学科的要求，也没有具体的落实措施，面对上级提出的学生发展核心素养新任务，学校应该怎么办？从哪里入手？怎么抓？如何抓？这些成为摆在学校面前的核心问题。

武汉市常青第一中学提出的策略就是锐意改革，大胆创新。坚持教育的理想和基本理念不动摇，同时根据时代的变化，不断调整学生发展的方向。本质上，就是要处理好学生发展的继承与创新的关系。常青一中2019年被教育部确定为"普通高中新课程新教材实施国家级示范学校"，整个湖北省仅有三所：华师一附中、湖北省实验中学和常青一中。学校以此为契机，狠抓新课程改革，并把课堂教学改革作为主要抓手，通过多方调研，集中论证并结合常青一中的学情创造性地提出了"STR"课堂教学模式，并确定以此作为推动和落实学生发展核心素养的基础和平台。

三、"STR"课堂教学是落实学生核心素养培养的平台和集中体现

（一）"STR"课堂教学的基本内涵和框架

构建"STR"课堂教学模式，建设研究型学习课堂，是我校研究型学校建设的主要内容，也是建设高效课堂，促进教师专业发展和学生自主成长的客观要求，也是学校落实和发展学生核心素养培养的主阵地。

"STR"课堂教学模式中的"S"和"T"分别代表学生（Student）和教师（Teacher）两大课堂主体，"R"既表示课堂的研究（Research）特色，也表示我校数据中心为课堂教学提供的资源（Resource）支撑。"STR"课堂教学模式旨在强化教师作为教学的组织者、引导者、合作者的角色地位，突出学生的主体性，构建学习中心课堂。

"STR"课堂教学包含五个环节：自主学习（质疑存难）、小组合作（互教互学）、展示交流（答疑解难）、尝试应用（形成技能）、达标检测（总结

反馈）。其中自主学习在课前环节，达标检测在课后环节，在课堂教学环节上主要是小组合作、展示交流、尝试应用等三个环节。

（二）核心素养在"STR"课堂教学模式目标上的体现

在《武汉市常青第一中学"STR"课教学模式实施方案》中，学校基于学生发展核心素养进行顶层设计，指导课堂教学改革，把学生发展核心素养作为课程设计的依据和出发点，明确提出了实施"STR"课堂教学的主要目标是培养学生的自信心、自学能力、自我管理能力、团队精神、强烈的求知探索能力、出色的语言和口头表达能力，为学生的终身学习和长远发展奠定坚实基础。集中体现了高中学生核心素养培养的核心要求。

（三）核心素养在"STR"课堂教学本质要求上的体现

首先，"STR"课堂教学中各个环节对学习的方法要求更严格。课前的预习、课中的深入思考与探究、课后的复习巩固需要以学生具备和掌握非常专业的学科学习方法作为支撑，决非传统意义上的被动学习方式所能解决与应付，这需要全体师生转变观念，强化教师作为教学的组织者、引导者、合作者的角色地位，突出学生的主体性，构建学习中心课堂。能让学生通过自主合作学习完成的，能让学生展示交流、质疑总结的，一定让学生去完成、去展示、去总结。这对老师和学生都提出了更高的要求。其次，"STR"课堂教学对学习要达成的目标要求更高：能展示交流，能进一步地深入思考质疑，不仅知其然，还必须知其所以然。三是对学习的能力要求更高：自主学习——会阅读查找资料、会思考提出问题；合作交流——能和同学讨论交流，能主动问老师；展示表现——能清晰地表达自己的认知与理解，具备较强的语言和口头表达能力。"STR"课堂教学在本质要求上涵盖了核心素养培养的多个层面，集中体现了六大素养中的多个基本点，特别是在培养学生学会学习、具备科学精神（理性思维、批判质疑、勇于探究），以及问题解决和自我管理等核心素养基本点上体现了强大优势。

（四）核心素养在"STR"课堂教学环节上的体现

1. 课前环节：自主学习（质疑存难）

在"STR"课堂教学课前环节，强调学生自主学习，注意质疑存难。着力培养学生自主发展素养所具备的学会学习、自我管理水平。具体过程：教师提前发放编制好的导学案、导练案，习题课下发任务单并提出具体的自学要求。学生依照导学案、导练案对新课内容进行认真自学。要求所有学生必须解决导学案、导练案中的基础部分，对于有一定难度，个人自学无法解决的问题，或在自学过程中发现和提出的新问题要做好标记，以备在下一个环节中解决。学生要自觉、主动、独立完成导学案、导练案。教师要鼓励学生在自学过程中发现问题，善于质疑存难。教师在上课前要批改学生的导学案、导练案，了解学生的自学情况，进行二次备课，为下一个环节的顺利实施做好准备。在这个过程中，学生在老师的指导下，不断地完善和改进自主学习方法，真正做到自觉、主动、独立完成课前学习任务。

在这个过程中，学生为完成自主学习，还需要学会独立阅读、查找和分析资料，能自觉、有效地获取、评估、鉴别、使用信息。同时，会独立思考和提出问题：找到解决问题的方法，并不断总结、反思和提高，实现自我教育。使学生的"信息意识""批判质疑""自主发展"素养得到很好的锻炼。

另外，为了保障学生落实和实现自主学习，在课程设置中，专门分学科设置学科自主学习时间（每天上午第四节和晚自习第一节），并要求科任老师传授学生本学科自主学习方法，政教处联合年级组和班主任以学习小组为单位培养和落实学生自主学习时间的自我管理，建立学生自我管理体系。从课程设置和机制管理上保障和实现了学生自主学习，帮助学生"学会学习",这极大地体现了学生核心素养中"乐学善学""自我管理"的基本要点。

2. 课中环节:小组合作、展示交流、尝试应用

"合作探究"以小组为单位,进行小组合作学习。组长按照教师的导学案、任务单开展组内交流。对于个人自学当中存在的疑难问题或产生的新问题,通过小组互教互学给予解决,解决不了的,记录下来,留待下一环节解决。这个过程要求小组内生生互动、师生互动,教师要适时掌握小组合作学习的实施情况以及疑难问题,并给予及时指导和点拨。在此过程中,要注重培养学生的合作意识和探究精神,使小组成员互教互学,共同进步,同时鼓励学生通过小组合作学习,生成新的问题,为下一步拓展提升做好准备。在合作中培养学生的团队意识和互助精神,提升"社会责任"素养。

"展示交流"指的是各小组汇报合作学习的情况,阐述自己的观点和见解,提出本组在合作学习过程中遗留的疑难问题和生成的新问题,敢于表达,体现了核心素养中"勇于探究"的基本要点。同时其他组的同学可以对前面的问题解读提出质疑,也可以对其给予补充解答,展现和培养学生"科学精神""批判质疑"素养。特别是各小组的上台展示部分,综合展现了学生形象审美、语言表达、教态塑造,面貌传达、仪式包装等综合能力与素养。

"尝试应用"指的是学生利用所学知识完成导学案的基础练习,检查当堂学习情况,培养学生应用知识解决实际问题的能力,提升"实践创新"的核心素养水平。

3. 课后环节:达标检测

"达标检测"是教师根据学情编纂的个性化导练案,学生课后完成,从而达到检验课堂学习效果的目的。导练案要求学生必须独立完成,教师

要逐个进行批改,并利用信息手段收集学生导练案中的错题,诊断学生"问题解决"的能力水平,培育学生"实践创新"的核心素养。

(五)核心素养在"STR"课堂教学评价上的体现

"STR"课堂教学活动中的评价环节包含四个维度:①学生自评:在导学案中设置学生自评栏目,一个学习内容结束后,学生对自己学习探究过程中的成绩与不足以及学习方法、学习态度等方面进行自我评价。②组内互评:体现在第二个环节,即在分组合作学习中,组内成员间的相互评价。③组间互评:在展示交流环节中,小组之间的相互评价,体现协作中的竞争和竞争中的协作。④教师评价:包含两方面的评价,一是课堂上的总结式评价,体现教师的主导作用。二是对各小组的表现进行及时评价,并进行记录,为将来的班级、年级和学校评价提供原始依据。课堂教学坚持评价主体和评价方式的多元化。善于乐学、善于反思,既吸收借鉴了"学而不厌""吾日三省吾身"等中国传统文化的有益思想,也与国际上"认知—情感—认知"的三维框架相吻合;作为服务于学习的重要核心素养内容"信息意识",是为了培养学生适应未来经济和社会发展的需要,同时也是衡量学生学会学习以及检验学习状况的重要参考。

"STR"课堂教学模式的评价界定标准以"STR"课堂教学模式下的课堂环节设置为基础,即小组合作(互教互学)—展示交流(答疑解难)—尝试应用(形成技能),完全是学校基于发展学生核心素养的顶层设计思想下的产物,因此,把学生发展核心素养作为依据和出发点的《"STR"课堂教学模式课堂评价表》,是这一思想贯彻落实的具体措施之一,对于课堂教学中各环节的时间,师生的分工、任务、目标均提出了明确而清晰的要求和规定,集中呈现了一节合格的"STR"课应该如何上的界定标准。(见"STR"课堂教学模式课堂评价表)

"STR"课堂教学模式课堂评价表

课题_____ 日期____年__月__日

教师		班级	学科		赋分	评分等级分数			得分
						优	良	一般	
（一）小组合作（20分）	教师教学行为	1. 能创设学习情境新颖，激发学生求知、探索、发现的欲望和活力，培育民主、和谐、安全的学习环境			3	3	2	1	
		2. 能整合问题，提出有质量的问题，问题有启发性			3	3	2	1	
		3. 教学目标和展示环节明确、具体			4	4～3	3～2	2～1	
	学生学习状态	1. 能通过组内互助等方式，主动解决自己的错题			3	3	2	1	
		2. 小组任务分配合理，能确定展示和点评主讲人			3	3	2	1	
		3. 小组内能积极讨论分享，群策群力，准备展示内容			4	4～3	3～2	2～1	
（二）展示交流（60分）	教师教学行为	1. 善于鼓励引导学生展示，组织讨论，探究有实效性			6	6～5	5～3	3～1	
		2. 善于引发学生的认知冲突，点燃学生思维的火花，激起相互间的质疑对抗			6	6～5	5～3	3～1	
		3. 能机智驾驭课堂，灵活处理预设与生成的关系			6	6～5	5～3	3～1	
		4. 讲解精炼，点拨到位，总结规律，给出方法			6	6～5	5～3	3～1	
		5. 评价简洁精辟，能有效调动学生的积极性和聪明才智			6	6～5	5～3	3～1	
	学生学习状态	1. 整个学习过程注意力集中，能积极思考，认真倾听			6	6～5	5～3	3～1	
		2. 展示充分，台风自信。站姿端正自然。声音洪亮，语言组织简洁。板书规范、整洁。能脱稿或半脱稿			6	6～5	5～3	3～1	

续　表

教师		班级	学科		赋分	评分等级分数			得分
						优	良	一般	
（二）展示交流（60分）	学生学习状态		3. 合作探究的氛围融洽，探究有效。学生之间能认真倾听，相互鼓励帮助。敢于上台展示		6	6～5	5～3	3～1	
			4. 学生点评能把握分寸，抓住要害		6	6～5	5～3	3～1	
			5. 敢于质疑，回答具有创造性，能主动提出新问题		6	6～5	5～3	3～1	
（三）尝试应用（20分）	教师教学行为		1. 能准确了解学生当堂学情，小结、梳理、总评全面有效		4	4～3	3～2	2～1	
			2. 尝试应用的试题设计合理		3	3	2	1	
			3. 在课堂40分钟完成教学，未拖堂		3	3	2	1	
	学生学习状态		1. 能运用所学知识，自主地、创造性地解决问题。各层次学生均有收获，知识、能力、情感态度、价值观都得到发展		4	4～3	3～2	2～1	
			2. 能概述总结本节课知识，明确知识结构		3	3	2	1	
			3. 能与老师互动配合，公正地完成一节课的总评		3	3	2	1	
课堂亮点				总得分（100分）					

四、"STR"课堂教学对发展学生核心素养的优势

（一）教师的教学方式发生了变革

学生和家长眼中的"好老师"是能从学生眼里读出愿望的老师；是能给学生以启迪，唤起学生创造力量的老师；是能让学生在课堂上擦出思维的火花、感受发现惊喜的老师；是能与学生的精神脉搏一起跳动的老师，

面对学生和家长的期盼,面对培养"学生发展核心素养"的新要求,"STR"课堂教学中教师教学方式发生了根本转变:

第一,教师转变了教育观念,树立平等师生观。一方面,教师从讲台走向学生,不再作为课堂的控制者和主导者,而是作为学生的帮助者和引导者。放下了对课堂的全部掌控,给予学生更多自主支配的机会。在知识传授中更多地关注学生学习的发生过程,更多地站在学生的角度去思考问题,理解并尊重学生,改变以往的师生观念。另一方面,教师在课堂教学中与学生进行以平等、理解、信任、尊重和关爱为前提的对话,与学生互相学习,互相理解、互相尊重彼此的观点。这些都会对学生的学习产生潜移默化的作用。

第二,教师创设了问题情境,开展合作探究学习。学生核心素养着力解决的是提高学生面对复杂情境的问题解决能力,使之能够适应飞速发展的信息时代和复杂多变的未来社会。但学生的核心素养不是先天所具有的,也不是由教师直接教出来的,而是在借助具体的问题情境,在问题解决的实践中逐步培养出来的。因此,教师要创设切合实际问题的情境,将课本上的抽象知识具体化,把难以理解的问题与实际情境结合起来,为学生多创设一些能够利用所学知识解决真实问题的机会。而且,在设置问题情境时要结合学生的理解能力,由浅入深、由易到难循序渐进地进行。

例如,我校化学学科"STR"教学模式就是"基于真实情境的问题解决式教学"。并提出了"基于真实情境的问题解决式教学"的核心包括以下四个方面:

(1)注重真实问题情境的创设,这些真实的问题促使学生讨论交流,体会化学学科的社会价值。

(2)注重基于"解决问题"展开"素养为本"的教学,学习任务是连接核心知识点与具体知识点的桥梁和纽带,是实现知识结构化的重要环节。通过教师设计的若干学习任务,发挥学习任务、问题解决的素养导向功能。

（3）注重认识思路的结构化和显性化。结构化决定了素养发展水平，显性化能使知识迁移，触类旁通。

（4）注重"教、学、评"一体化，在"STR"模式的背景下，实现了学生自评、组内互评、组间互评、教师评价等多种、多角度评价方式，做到了生生互动、师生互动、组组互动，通过集体交流，互相启发，不断巩固学生对知识的理解和掌握。

在化学教学中，将基于真实情境的问题式教学贯穿于"STR"各个环节，能充分发挥学生的主体地位，调动课堂气氛，提高学生参与度，提高学生的表达能力和解决问题的能力，培养学生进行科学探究和发展创新意识的核心素养，因此，基于真实情境的问题式教学与我校的"STR"教学模式在化学教学方面具有先天的统一性。

第三，尊重学生个性差异，实施因材施教。核心素养强调以学生为本，关注每一个孩子的成长，尊重学生的个性差异。教师在教学过程中可以根据每个学生的实际情况，灵活采用多种教学方式。比如，能让学生结合自身的实际学习情况，合理安排自己的学习，设置合理的目标。另外，教师还帮助学生制订合理的目标和计划，了解学生的学习程度，帮助学生选择适合他们的学习方法，同时让学生学会反思自己的学习行为，对自己的学习过程有一个清晰明了的认识。这可以培养他们反思的好习惯，并教会他们认识自己。

第四，转变教学评价方式，实现评价方式多元化。学生核心素养体系也催生着评价理念的革新，它要求教师不再是单纯地以学业成绩为考核标准，而是更重视学生综合能力的培养，道德品质、学习态度、创造实践能力、交流合作能力等都应成为评价的内容，促进学生德、智、体、美各方面的发展。

（二）学生的学习方式发生了变革

学生学习方式的变革是新一轮基础教育课程改革的显著特征。过去我们多侧重从教师教的角度研究变革教的方式，现在核心素养的提出则是倡导从学生学的角度研究变革学的方式，这是一次飞跃。那为什么一定要转变学生的学习方式？

在我国当前的教育教学中，知识灌输和技能训练仍是教学的基本方式，过度关注固定解题过程和标准答案的现象非常普遍。传统的教学过分突出和强调对知识的接受与掌握，冷落和忽视发现与探究，从而在实践中导致了对学生认知过程的极端处理，使学生学习书本知识变成仅仅是直接接受书本知识（死记硬背书本知识即为典型），学生学习成了纯粹被动地接受、记忆的过程。这种学习窒息人的思维和智力，损害人的学习兴趣和热情。它不仅不能促进学生发展，反而会成为学生发展的阻力。因此，要把"知识为本"的教学转变为培养"核心素养为本"的教学，大力推进学生学习方式的变革。改变原有的单一、被动的学习方式，建立和形成旨在充分调动、发挥学生主体积极性的多样化的学习方式，促进学生在教师指导下主动地、富有个性地学习，这将成为教学改革的核心任务，而"STR"课堂教学恰恰完成了学生学习方式的变革。

核心素养的培育是在相应的学科活动中形成和发展的。情境是学生核心素养培育的途径和方法，是核心素养实现的现实基础。因此，培养学生核心素养，应在教学中充分发挥"活动"的重要作用。在"STR"课堂教学中，教师引导学生开展小组合作学习，既能够激发学生个体的学习兴趣，也可以促进同伴之间的互助交流。

五、结语

学生发展核心素养，需要靠教育来养成。教育的本质就是促进人的不断生长或发展。学生发展核心素养的提出，就是让教育回到促进学生发展的本质功能。常青第一中学的教育追求以人为本，尊重个性，唤醒生命的自觉，促进每一名学生生命个体的健康发展，强调学生的自我教育，自主发展。表现在课堂学习上，就是强调学生自我管理，自主学习，合作探究，这符合教育要促进学生不断发展、主动发展的本质。

高中阶段的主要任务是为学生的发展奠基。人的发展有四条基本的途径：学校教育、家庭教育、社会教育、自我教育。这四条途径当中，主要是自我教育。教育如果把孩子的潜能和发展的意愿唤醒了，这个教育就成功了。常青一中在课堂教学模式改革中改变传统的教学模式，创造性地提出"STR"课堂教学模式，强调学生的主体地位，在课前、课中、课后教学环节上着力培养学生自主学习能力，切实落实学生实现自主学习、自我管理、自我教育的目的，从根本上为实现学生自主发展的长远目标奠定基础，为学生未来将要走怎样的发展方向提供指引，让学生自己选择，自我考量，自己去探寻自己发展的道路，准备足够的自主能力和素质。这突出了学生发展核心素养注重教育以人为本，注重学生发展的目标价值导向，有利于引领学校教育工作从追求高分转向注重学生自我发展、自主发展的长远培养目标。

第二节　基于"STR"课堂教学的学习小组建设

建构主义认为，学生学习的过程是学生以自身的经验为基础，在新的任务和情境中主动建构的过程，由于每个学生有不同经历经验，建构的结果就呈现出一定的差异：从思维的广度来说，有全面和片面之分；从思维的深刻性来说有深浅之分；从思维的结果来说，有正确与错误之分。为引导学生更准确地认识学习对象，建构个性化的知识体系就需要群体之间开展合作学习。

一般来说，合作学习是两个或两个以上的学生群体，为了达到共同的目的而在行动上相互配合的学习过程，学生参与到足够小的小组中共同学习，这样每个人都能参与到分工明确的集体任务中，参与学习的学生群体就自然地形成一个学习小组。从组织形式来说，开展合作学习的基本单位是学习小组，学习小组学习是合作学习的载体。

一、"STR"课堂教学模式下的学习小组

"STR"课堂教学模式将学生的学习过程分为课前、课中、课后三个阶段，每个阶段都有相对独立的学习任务，每个阶段都需要借助学习小组这个平台来展开。

具体来说，课前要求学生独立完成导学案、导练案，并在教师评价后对重点问题进行有针对性的准备。从知识的形成过程来说，学在未教之前，学生在教师讲解之前需要在导学案、导练案的引导下阅读教材，完成相关知识的预习，提出疑问并尝试解答，并为课堂展示准备必要的材料。从学习方式来说，本阶段偏向于基于项目的学习；从学生的学习能力来说，独立完成任务存在一定的困难，并呈现出一定的个体差异，需要在坚持独立性的基础上保持一定量的合作。

课中要求学生以小组为单位，展示交流本小组的学习成果，对其他小组的展示提出质疑或者给出解答，在互动交流、碰撞中掌握学科知识，培养技能，发展能力。从学习方式来说，本阶段偏向于基于问题的学习，学生在小组内共同研究即时性的、有意义的问题，确定他们为解决问题需要的知识并提出解决问题的策略，这些对学生知识的建构起着积极的作用，教师在思维可视化、指导小组进程与参与，以及通过提问帮助反思等方面扮演着重要的角色，从这个意义上来说，本阶段的小组学习，是一个师生共同参与、师生、生生双向活动的过程，在小组学习中有着不可替代的价值。

课后要求学生完成达标检测，进行总结反馈，学生需要在独立完成练习任务的基础上，总结提炼自己的学习体会，或者与组员共同完成某个任务的设计。从学习方式来说，本阶段偏向于基于设计的学习，学生需要对自己的学习成果进行"总结—评价—再设计"的循环，借助于学习小组内

成员的帮助，学生可以更精准地对自己的学习成果进行评价。

从以上三个学习阶段的具体分析来看，每个阶段都需要学生借助小组内各成员的力量，围绕学习任务、疑难问题、学习成果进行反复交流，学生既获得了参与任务的机会，也获得了对整个任务或问题的见解。每个阶段，离开了学习小组内成员间的交流、活动、答疑和设计，教师就需要关注到每个细节、每个个体，教与学的双向交流再次沦为单向的输入和输出。从这个意义上来说，学习小组是"STR"课堂教学得以顺利推进的必要条件。从已有的教学实践来看，学习小组与导学案、导练案是"STR"课堂的两个先决条件，缺一不可。

二、学习小组建设的目标

基于学习小组在"STR"课堂教学模式下的基础性作用，对学习小组的建设就必须给予足够的重视。因为各个教学班学生个体的差异是客观存在的，各班级的学习小组的建设必须赋权给各班主任，以班主任为核心推进本班的学习小组建设。学校层面，则对学习小组建设给出一些原则性的指导意见。

在近几年的教学实践中，我们认为学习小组建设需要达成以下目标：

（1）有明确的学习目标。明确的目标，是进行有效合作学习的前提和基础。美国心理学家马斯洛说："杰出团队的显著特征是具有共同的愿景和目标。"如果一个合作学习团队没有目标，那团队成员就没有了努力的方向和前进的动力，小组学习也不会取得良好的效果。

当学习小组的团队建立后，首先必须明确中、长期团队目标，因为它是小组合作努力的方向，犹如茫茫大海上指路的灯塔。在合作学习的过程中，只有学习目标明确、具体，学习任务清晰，才能使参与合作学习的学生心里有数，知道自己要和团队成员一起做什么、怎么做，从而促成小组成员之间真正的合作。具体到每一节课，课前的准备、课中的交流、课后的反思，都具化成一个个可接受的、可量化的目标，可以充分激发小组成员自我发展的内驱力。

（2）有良好的学习氛围。古人云："近朱者赤，近墨者黑。"氛围对学习的重要性可见一斑。良好的学习氛围和环境对人有熏陶作用和约束作用，为着共同目标组合在一起的学习小组成员更容易彼此影响。

教室内常见这样的现象：周围的同学都在学习，会给自己一种紧迫感，促使自己坚持学习；反过来，周围的人都处在放松状态，除非有超强的自我控制能力，执着于自己的思考，否则也容易融入其中。学习小组成员之间的互相提醒，互相带动，可以帮助小组成员更专注于学习、专注于问题，提高小组成员学习的参与度，增进学习效率。

（3）有融洽的同学关系。优秀的学习小组，成员们既要知道如何沟通，又要善于沟通，这就需要各成员学会聆听，能够进行有效表达、有效反馈，从而提高各成员的合作效果。一项关于团队建设的调查结果显示：团队管理者的工作时间中，有30%～60%是用在了各种形式的沟通上。

小组成员在实践中，逐渐形成了关于有效沟通的一些技巧，如：积极倾听；与对方进行目光交流；做出恰当的反应；避免做出分散注意力的手势和姿态；适当地进行提问或复述；切勿打断别人的讲话，耐心倾听，并表现出浓厚的兴趣。即使在沟通过程中出现意见分歧，甚至争得面红耳赤，也秉承"你与人争论、辩驳、冲突，有时候会赢，但那是一个空洞的胜利，因为你不可能赢得对方的好感"的观念，冷静下来思考怎样才能更好地化解争执并解决问题。通过这样的有效沟通，逐渐形成组内和谐共生的小环境。

（4）有实用的约束机制。学习小组从组织形式来看是一个团队，为提高团队的运行效率，指导小组成员进行分工、不同的角色应承担的职责、履行的权力、协调与沟通等，就需要在小组内通过协商构建适合本组成员的岗位职责描述和说明，从而形成本小组的工作标准和相关的运行制度。

在教学实践中，通过对优秀小组的表现分析，学习小组需要形成日碰头、周小结、月总结的会议制度；形成组员分工及行为标准制度；形成组内相互监督及惩罚制度，引进激励机制；形成组长履责制度等。当然，这些制度或约束不一定要形成文字，但它们必须成为小组成员的约定，一旦有违反约定的情况发生，小组的奖惩机制能够启动，使成员们心服口服，从而不断发展小组成员的契约精神。

三、学习小组建设的内容

为达成小组建设的目标，让学生的行为、认知、情感参与到小组合作中来，使合作学习具有实效，小组建设可以围绕学习小组的构建、组成与分工，学习小组的指令、流程与要求，学习小组的量化评比，学习小组的奖惩激励四个方面来展开。

（一）学习小组的构建、组成与分工

学习小组的构建是班主任、学生、科任教师三方共同努力、各负其责才能正常运转的有机体。学生要有自我发展进步的意愿、班主任要有整合资源的手段、科任教师要有持之以恒的毅力，方能让学习小组不断完善，使学生在小组合作中不断进步。可以将班主任理解为高速公路的修建者，搭起高速路网，学生就是这条高速公路上的车辆，科任教师是司机，路、车、人，三者相依相伴，路上行驶的车辆越多，高速公路发挥的作用也就越大。

各班根据本班实际，将学生分为 5～6 人的小组。一般来说，分组方式有分布式和集中式两种。集中式是把基础相近的学生相对集中，即将全班学生按学习基础、思维习惯分为几个大类，将每个大类的学生分为几个小组，让每组的成员之间水平相近、兴趣相投，处在个人情绪的舒适区；分布式是以班主任对学生的了解为依托，结合学生意愿，将学生合理搭配，使组内各层次水平的学生均匀分布，让具有不同思维方式、智力水平、情

趣特长和认知风格的学生组成一个小组，使他们实现知识和能力的互补。

不论是以哪种方式组合的小组，班主任都应尊重学生的意愿，由学生进行选择，同时在第一时间将学习小组设置的不同评价标准告知科任教师。

为了保持小组间的评价能够持续进行，需要阶段性地对小组组合方式及小组成员进行小范围调整。这种动态管理有利于保持各组的相对同质性，维持学生参与竞争的进取心和积极性。

根据实践，建议应该做到每个学期重建一次学习小组，它会为我们带来如下的好处：

①学生们能够与更多拥有不同经历和能力的同伴儿搭档。

②学生们能够有机会学习如何与新搭档合作，同时也预防了"小集团"的形成。

③学生们能够意识到不仅仅是他们所处的学习小组，而是整个班级都在从合作学习中得到提高。

当然，学习小组重组之前，可以而且应该引导学生举行一系列的纪念活动，例如离开之前，让学生给自己的学习小组成员写下感谢的话语等。

为了尽可能让每一个学生都参与管理，小组成员要有明确的分工。需要通过选拔或自荐的方式明确一名得力的组长，组长是老师的小助手和代言人，是一组之魂。实践告诉我们，选一名成绩好、责任心强、有一定组织能力的学生担任小组长，负责全组的组织、分工、协调效果最佳；同时需要明确，各个学科组长负责主持本学科的各项学习和工作，调动、激发每个学生的学习积极性和兴趣。

根据实践，建议各学习小组内设学习小组长、记录员、检察员、汇报员各一名。

①开始时，学习小组长由有较强组织能力、责任心强的学生担任，一段时间后则应轮流担任。学习小组长的主要职责是对本组成员进行分工，组织全组人员有序地进行自主学习、讨论交流、动手操作、合作探究等学

习活动。

②记录员的职责是记录学习小组合作学习过程中独立学习的认真程度、学习小组交流时的发言情况、纪律情况等；检查员的职责是检查、督促学习小组成员的学习提纲、作业完成情况等；汇报员的职责是将本组合作学习的情况进行归纳总结后在全班进行交流汇报。各学习小组将每日情况进行汇总，并将结果在班内黑板上进行公布。

③可以根据学科的学习任务进行分工。即每个学习小组根据学科的学习任务分别设立语文组长、数学组长、英语组长或专业学科组长。

④各小组可以根据班级日常事务设立纪律组长、作业组长、宣传组长等。能力较强的学生可以身兼数职，能力较弱的学生担任一职，明确职责，人人参与学习小组管理，努力培养学习小组成员的主人翁意识。同时，还可以每周设立一个值勤学习小组，从纪律、文明到学习、卫生对每个学习小组进行全面管理，事无巨细，全权负责，很大程度上也减轻了班主任的负担。

无论是哪一种分工设置，各分工组长都要职责明确，班主任对小组长的培训、指导和评价要及时准确；科任教师对学科组长的培训和指导要专业、细致、及时、公正。

（二）学习小组的指令、流程与要求

在"STR"课堂教学模式的各个阶段，学习小组获得的任务各有不同，这些任务事实上来自于不同的指令。在课前学习阶段，小组长负责分配任务，是指令人；在课堂学习阶段，学科教师是指令人；在课后反思阶段，各成员是落实自我提高的指令人。如果说学习小组建设是一个动态变化的过程，那么围绕指令的建设是动态管理的关键，学科教师的表现至关重要。

课前学习阶段，科任教师需要提前发放导学案、导练案，明确学生自主学习需要完成的内容，并根据学生完成的情况，做好二次备课，明确课堂上需要聚焦的问题，明确本节内容的重点和难点。学习小组根据教师的指导，有针对性地确定本学习小组的任务，这就需要小组长做好任务的分配，当好指令人，督促组员合理分工，共同研讨，形成初步结论。

　　课堂学习阶段，教师需要按照本学科的教学模式，按流程明确讨论交流的时间、主题，教师对学生的指令要清晰，随堂巡视，对小组指导要准确到位。这是课堂展示交流、互动质疑取得高效的关键。

　　各学科组长在本阶段要承担起主持、指导的责任，组织组员分层讨论、依次达标，杜绝信口开河的假讨论和不讨论，使每一个学生都感受到学习成功的快乐。同时在组员讨论交流的间隙，明确本小组展示交流的方式，是口头展示还是书面展示；展示交流的人员，是一人上台还是多人上台，是边讲述边板书还是讲述人与板书人分工协作；是抛出问题自问自答，还是提出疑惑，寻求其他小组的帮助。这些内容，都需要学科组长在短时间内根据小组讨论的进展迅速做出决定，经过持续的训练，学科组长丰富了知识，增长了才干，促进了全面发展，素质的提升也就水到渠成。

　　学生展示交流、互动质疑将给课堂带来极大的冲击力，课堂的容量将极大丰富，学科内容的深度与广度将发生极大的变化，这对教师提出了巨大的挑战。学科教师需要在极短的时间内，准确把握学生的亮点与痛点，对预设策略迅速做出调整，以回应学生的反应。

　　从实践来看，这是学习小组建设中的最大变量：教师对学生问题的回应越是准确、及时，小组的讨论就将越充分，思考质量就越高，每节课学生都将学有所得，各小组都愿意投入更多的时间与精力参与下一次的展示、交流与讨论，形成正向反馈；反之，如果教师没能抓住学生展示交流的内在逻辑，不能点明学生发言的关键点，将极大降低课堂参与的热情，无论是参与交流展示的小组还是其他观摩的小组，都不能从交流、展示、质疑中有所提高，长此以往，学习小组在本学科学习中将名存实亡，无论外在的制度怎样给予约束，也难以激发学生参与小组讨论的意愿。

　　当然，无论展示交流的现场能否做到即时性的课堂生成，在课堂组织形式上还是要做到规范。在学生展示结束时，都要问一句："这个问题同学们都明白了吗？有问题的同学请举手，谢谢！"组内或是其他小组的成员应对展示内容进行点评，并在点评时关注结论的生成过程。教师应在点评过程中进行即时评价，一要评知识，二要评情感态度，三要评过程方法和肢体语言，并在点评的最后对问题进行拓展、延伸，对知识进行深化、提升。在下课前五分钟要对本节课讨论的结果予以灵活点评和总结。点评内容可以是学生的主要观点、发言中的闪光点，也可以是学生思考的角度，这样可以提高学生对别人发言的内容的注意力，使学生善于发现自己的不足并吸取别人的长处。

课后学习阶段，倡导各小组成员先独立自主地整理课堂学习的内容，做出自我反思，列出自我反思后依然不能独立解决的问题，寻求本小组其他成员的帮助，原则上，做到问题本组内解决，不让问题出组。假如出现本组成员都不能完成解答的情况，学科组长、组长都要及时向科任教师反映，寻求科任教师的帮助。科任教师可以根据学生的反馈，确定该问题的覆盖情况，是个别问题还是共性问题，以决定下节课的教学任务。

通过三个阶段对学习任务的处理，学习小组建设有了明确的平台和载体，就不会出现小组建设和课堂教学"两张皮"的现象，不会产生为了有小组的形式而安排小组活动，却不产生实际价值的情形。

（三）学习小组的量化评价

在排除科任教师对学习小组建设的关键变量后，通过对同一层次、同一科任教师执教班级小组建设效果的比较分析，发现其中的关键就在于是否建立并真正落实了良好的学习小组评价机制。只有具备了切实可行的评价与激励政策，并严格加以贯彻执行，学习小组之间的竞争才会充满动力与活力。

实践中，按照及时性、公正性、激励性和团体性的原则，将学习小组作为考核对象，学生个体的荣耀是学习小组的荣耀，学生个体的失败同样是整个学习小组的失败。具体操作上，以学习小组为评价单位，将个人得分计入小组积分,用小组总积分来量化学生的学习过程,充分调动学生参与课堂展示的热情,形成良好的预习、展示、质疑的学习氛围。

以下,为我校"三加一减"量化评价内容与标准。

①导学案、导练案的完成情况。科任教师检查学生导学案、导练案的完成情况。小组成员完成任务较好的加1分,优秀的加2分,基本达标的不计分。

②学习小组的合作讨论效果。小组合作学习时,要求组长认真负责,小组成员积极讨论,没有分工不明确或虽有分工但不落实的现象。科任教师对合作讨论情况进行赋分,合作学习情况较好的小组加1分,优秀的加2分,基本达标的不计分。

③课堂展示、质疑和答疑的情况。预设的展示环节:科任教师选择小组,小组推选组内成员展示已准备的内容。回答基本正确的加1分,优秀的加2分,不正确不计分;现场生成的展示环节:在小组展示过程中,其余小组成员可以质疑。质疑时方向基本正确的加1分,质疑有深度,富有启发性加2分,不正确不计分。能对质疑问题提出正确解决方案的加2分。

④课堂纪律。实行负面清单管理。有违纪行为(如不尊重发言同学、睡觉、看课外书等行为)每人次扣1分。

学习小组积分记载表

组别评价	导学案、导练案		合作交流		展示质疑		纪律
	优秀	良好	优秀	良好	优秀	良好	减分
第一组							
第二组							
第三组							
第四组							
……							

课堂上，科任教师及时将评分填写到评价表中。计分量化时，将加分减分值填写在相应栏目和组别里。如加 1 分，则填写为"+1"，减 1 分则填写为"-1"，不计分则不填写。

班级值日班同学将一天的各科、各组的得分进行统计；各班每周将各小组的积分统计 1 次，将一周总分公布在《评价汇总表》中；每周一班会时间，班主任组织学生对上周各小组的表现情况进行点评，并将上周积分清零，重新开始新一周的计分。

（四）学习小组的奖惩激励

从学习小组这个特殊的团队建设效果来看，教师对学生的评价仅停留在口头的"希望"和"要求"上是不够的，需要有明确、有效的激励措施。成就激励理论也告诉我们，激励的过程就是发现并满足人的需求的过程。它从发现人的需求开始，进而通过物质与精神等方面的激励，最后以人的需求得到满足而告终。

从实践来看，"STR"课堂教学模式下的学习小组，给学生提供了表达个体想法的平台，让学生获得了学习的参与感；学生通过展示交流，有了被其他同伴关注的机会，获得了存在感；在小组内独立承担部分或全部学习任务，有了独立或是参与完成任务的体验，产生了满满的获得感；展示的内容或是质疑的问题得到了同伴或是教师的肯定，产生了成就感。我们称之为小组成员个体需求的"金字塔"。

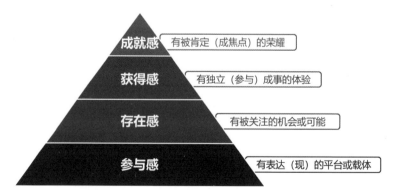

当小组成员的个体需求得到满足后，又会产生新的需求，这就要求激励措施可以循环往复地使用，进而发挥其作用，充分发掘小组成员的潜力，提高小组成员的素质，增强学习小组的凝聚力。

在对学习小组激励的过程中，我们尊重小组成员的不同需求，坚持"因人而异"的原则；对各学习组的评价不设例外，坚持"公平公正"的原则；在小组成员最需要得到肯定时给予肯定和鼓舞，坚持"及时激励"的原则。

同时，学校统一奖励标准但保持奖励内容的差异，鼓励各年级、各班级对奖项和奖品内容进行创新，发挥奖励的最佳效果。校内的奖励分为班级、年级、学校三个层面，分层设奖，分层表彰。班级奖励：一周内小组得分前三名的是"优胜小组"，班级进行表彰；年级奖励：一个月内各班获得"优胜小组"次数的前三名评为年级"优秀小组"，年级组张榜表彰；学校奖励：半学期内获得年级"优秀小组"次数的前八名评为学校"榜样小组"，学校对获得"榜样小组"的组长及小组成员在全校集会上隆重表彰并给予一定的物质奖励。

四、学习小组建设的重要措施

学习小组建设是班主任、科任教师、小组成员相互配合、多方参与的一个过程，它需要参与的各方长期坚持、久久为功才能产生合力，不是一件一蹴而就的事情，但这也并不等于说在小组建设的过程中，我们只能慢慢地等待，以时间置换效果。从我们的小组建设实践来看，在组长、组员和科任教师的培训上投入越充分，建设的效果就越好。

（一）组长的培训

借助于各层级的培训会，教师要引导组长明确自己的职责定位，即维持组员的课堂纪律，调动组员的求学意愿，协调组员的任务分工，调和组员的人际关系。挖掘组长在学习小组中"动力机"的价值，充分发挥组长在小组内的带头作用、领导作用、组织作用和检查督促作用，让组员在组长的带动下在合作中借鉴，在借鉴中思考，在思考中提高。

班级层面定期召开组长会议，从不同的方面给组长做出具体的指导。

在思想上给予组长鼓励，聆听他们一周来在思想上、学习上和生活上的困难并及时予以解决，让小组长感受到班主任的关怀和温暖。

在管理方法上给予具体的指导，在组长会议上通过解决小组内遇到的具体问题，帮助组长找到克服问题的方法，在实践中增长组长的管理能力。

在推进任务落实上给予路径指导，帮助组长建立组员的联系渠道，方便他们分解任务、交流想法；提醒组长要带头遵守组内约定，分工要明确，要敢于提醒组员，轮值上台展示的组员，如果不懂如何展示，待由其他组员教会后，必须由组长督促其上台；采取措施组织组员每天利用课间聚1～2次，有针对性地解决问题；对于本组的任务，安排准备展示的组员先在组内讲一遍等。

在学习策略上给予点拨，安排科任教师小范围、一对一地指导组长掌握。

在年级学校层面，阶段性组织组长的座谈会，座谈会可以采取结构化文本的方式来进行，既提高效率，又满足意见收集的需要。

以下为我校组长座谈会的结构化文本：

①谈谈你对课堂中小组讨论环节的看法，是否满意？满意或不满意的地方，讲两到三点。

②谈一下你印象最深或最受益的一次小组讨论，它的特点是什么？

③你认为最糟糕的小组讨论是什么样？可以如何改进？

④假如你是小组讨论的主持人，你会如何组织讨论？（可以罗列步骤或举例说明）

⑤假如你是小组讨论的参与者，你会如何组织自己的语言？

⑥你认为小组中的同学不发言，可能的原因是什么？

⑦你理想中的小组讨论应该是怎样的？试以两到三个词进行简单描述。

…………

当然，在组长培训的同时，也可以同步进行成员的培训，双管齐下。通过培训，可以加强组员互助意识的培养，让优秀组员明白，教会自己组员的同时，也是自己深化知识、增强自信心的过程，让他们勇于参加到小组的学习和探讨中来；可以强化学生团队意识，以小组为单位评价优劣和好坏，包括课堂上的表现、班级纪律、学习成绩等方面，让学生明白，个人的表现再好、成绩再优秀都不会得到肯定和表扬，只有你的团队整体优秀了，你才是真的优秀。

（二）科任教师培训

让科任教师意识到课堂是教师的，也是学生的；教师的关注点和学生的关注点在一定的时刻是有差异的；小组的建设不仅是班主任的工作，也是科任教师课前、课中、课后都要考虑的内容。这些观念的转变逐渐入脑入心，变成科任教师的自觉行为，是培训的重要内容。

可以将阶段性的调查数据，反馈给科任教师，让他们意识到学生的关注点。以下为某次我校的一次调查反馈。

①学生对课堂中教师的状态关注点：

学生的关注点	占比
教师的课堂管理	9.79%
加分的标准	8.11%
作业的总量控制	7.40%
小组的机会	4.53%
教师讲解的内容选择与精炼	3.10%
教师重难点讲解	2.39%
教师的补充点评	2.15%
教师课堂气氛的调动	2.15%
周练的处理	0.48%
合计	40.10%

简单分析关注点排名前三的指标。在"STR"课堂结构下，学生获得的自由时间更多、物理空间更近，相应的做与课堂无关事情的机会就更多，教师既要关注发言人的表现，还要关注其余学生的表现，对教师掌控复杂场面的能力提出了很高的要求。在目前的量化积分评价的模式下，各科教师要统一标准，不要随意加减分，引起学科间的不平衡，进而影响周、月、学期评价的权威性。目前高二年级每天六张、高一年级每天九张导学案、导练案，学生的学习任务还比较重，特别是对于那些认真、刻苦、独立思考的学生而言，这些任务是真实的（相应的对于那些个人要求较低的学生来说是无差异的），越是有特色的班，越是反映晚上睡得很晚（最晚有凌晨1点之后）。需要进行总量控制，科任教师不能"穷凶极恶"地占时间、发导学案、导练案。

②学生在"STR"课堂中的个体感受：

学生的关注点	占比
学习的主动性	6.21%
团队意识	5.73%
学习的自觉性	5.49%
清洁卫生与安全	2.39%
作业的抄袭	2.15%
合计	21.97%

学生认为"STR"模式下学习的主动性、自觉性和团队意识有增强，相比以往，能够"正大光明"地搞学习，自己的自信心和学习劲头都明显增强了。

③学生对课堂展示学生表现的关注情况：

发言人的表现直接影响课堂的生态和效率，台下的学生对于发言人的关注点很细致，指标如表所示：

学生的关注点	占比
发言人的重点要突出	2.86%
发言人的准备	2.86%
发言人的声音	2.63%
发言人的思路	2.63%
发言人讲解的效率	2.39%
发言人的自信	1.67%
发言人的板书	1.43%
发言人的语速	1.19%
发言人的台风	0.95%
发言人的互动	0.95%
合计	19.56%

学生关注的各个细节相对分散但也比较平均，反映出台下的学生希望发言人做好很充分的准备，给大家带来高水平的分享。这些细节，各班除在课堂以学科内容为载体训练外，后期还要开发新的平台来进行培训。

第三节 基于"STR"课堂教学的学习方式改变

学习是学生的基本生活方式，也是他们得以发展的根本途径。在课堂教学中，学习方式对学生的学习质量有着重要影响。因此，优化学习方式是提高课堂教学质量的前提，也是课堂教学改革的重要内容之一。依据《国务院办公厅关于新时代推进普通高中育人方式改革的指导意见》的有关精神，我校为了改变过去被动、单一、机械的学习方法，积极推行"STR"课堂教学模式，探索基于情境、问题导向的合作、互动、启发、探究、体验

等前沿学习方式，并将先进的学习方式渗透、融入并整合在自主学习、小组合作、展示交流、实践应用四个学习环节中，形成辩证的统一体，彻底实现课堂学习方式的变革与转型，与信息化时代新型人才培养需求接轨。基于普通高中育人方式改革的"STR"课堂学习总体要求见下图：

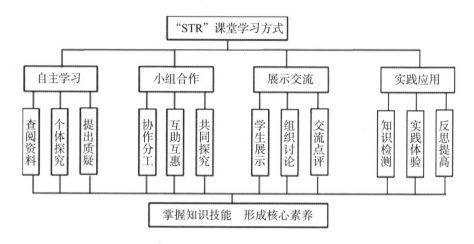

一、从"个体学习"向"合作学习"转型

长期以来，我国青少年一直成长于"应试教育"的环境中，教学更多地关注在个体学习上，在这种学习方式中，学习属于"单打独斗"，每个学生朝着各自的目标独自奋斗，而不必关注他人的学习状况。学生在学校考试中获得成功，多是建立在其他同学准备相对不足甚至失败的基础上，而不是同学间相互合作基础上的共同进步，这种学习氛围容易滋生起扭曲的竞争关系和竞争意识，而缺乏合作精神和合作能力的养成。"鼓励合作学习，促进学生之间的互相交流、共同发展，促进师生教学相长"是教育改革的指导方针之一，合作学习也是新课程改革中学习方式变革的一个明显特征。

合作学习是以小组为组织形式，小组成员之间互助合作，分工协同，以小组的总体表现为评价依据，共同完成学习目标的一种教学活动。在

"STR" 课堂合作学习过程中, 每个小组根据导学案、导练案的要求进行成员之间的分工合作。虽然每一个成员在团队中承担的角色都不同, 但小组成员之间的关系不是依赖关系, 更不是搭便车关系, 而是协同关系、合作关系, 每个成员明确自己所承担的任务, 只有大家一起努力才能最终完成整个小组的总目标和总任务。在 "STR" 课堂合作学习中, 即使是性格内向、不爱发言的学生也愿意分享交流、互相学习、取长补短。在小组讨论时, 推举学生发言, 这样更能体现对他人的尊重和对知识的严肃性, 使其他学生能更专注地聆听及讨论问题。在 "STR" 课堂学习过程中, 教师均要准确地记录各个团队成员对所在小组的贡献, 通过数据展示小组成员的活跃程度, 作为优秀小组的评价及表彰依据。

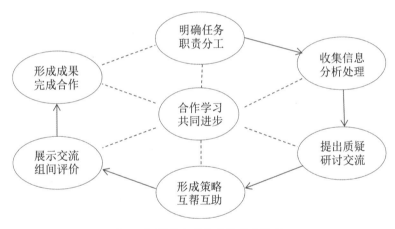

"STR" 课堂合作学习的基本路径

当然, 在小组合作学习中, 教师也是合作学习的重要一员。教师也会主动参与, 当学生思维受阻、出现困难时, 及时给予引导或点拨; 在课堂教学过程中教师会根据学生展示情况, 结合学生合作学习时未解决的问题, 提炼要点, 进行深入浅出地讲解。在 "STR" 课堂学习过程中, 要求学生对合作学习的结果进行展示, 展示的方式根据学科知识的特点或是展示的需要而形式多样, 可以是学生的表述, 也可以是根据教师提问进行回答, 也可以是让学生到黑板上解题说明。评价的方式多元化, 教师根据课

堂的需要可以自己点评，也可引导学生进行自评、互评。

二、从"被动接受"向"主动探究"升级

爱因斯坦曾说过："提一个问题往往比解答一个问题更重要。"问题是科学进步和发展的出发点，发展问题，然后找出问题的根源，探究相应的解决对策，经过发现问题、解决问题、实际检验的反复，才会有新科技或新产品的产生。因此可以说没有探究欲望就没有人类的进步。而传统的课堂教学都是教师提出问题，学生根据教师的问题去思考，有的教师为了增大课堂知识的容量，甚至采用教师自问自答的教学模式，学生只需记住问题和答案，考试时只要能把问题和答案再现出来即可。这种传统的教学方式降低了学生发现问题并提出问题的能力，思维完全处于一种被动、应付的状态，失去了宝贵的探究习惯和创新精神。从学生个体角度来说，学生若不能变被动学习为主动学习，教育氛围很难改变，学校也会因思想的暗淡而死气沉沉。

"STR"课堂教学模式依据新课程改革精神，以学生为主体，要求教师在导学案、导练案的设计中诱导、组织、调控学生进行探究活动，调动学生探究的动力与积极性，激发学生之间的思想交流，提供方法性的指导和建议，帮助学生向着正确的方向探究。学生是探究学习活动的主体，创造和谐的自主探究、合作探究的学习环境，使其在互促互助的过程中完成学习任务。我校"STR"教学模式改变传统的"排排坐"的教室布局，将班级课桌椅以小组为单位、成员面对面的形式摆放。教师的备课从教案转变为导学案，引导学生课前预习、探究，提供给学生独立思考的空间与环境，要求学生在学习中大胆提出自己的疑问、障碍或是困难。小组内或小组间探索、交流、研讨，最终解决疑难（见"STR"探究学习模式基本路径图）。这种主动学习、探究，学生对知识的掌握更加牢固，更能举一反三加以迁移应用，从而促进学习能力的发展。

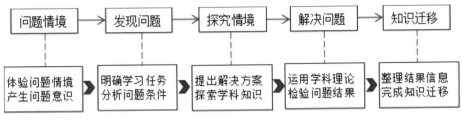

"STR"探究学习模式基本路径图

"STR"课堂教学模式要求学生也要自加压力,不断提高内驱力,善于确定适合自己的学习目标,选择适合自己发展需要的重点内容进行学习。在探究学习过程中要善于向老师、同学、亲朋请教、交流,获得他人帮助。同时要善用各种学习工具,如词典、翻译工具、信息检索数据库、网络资源平台、馆藏资料以及评测工具等。

三、从"同步学习"向"个性化学习"优化

在新课程改革背景下,基础教育创新思路逐步推进,满足学生个性需求的教育活动设计成为现阶段的主要任务。但由于现今教学方式的固定呆滞,学生的思维方式和学习风格越来越趋于一致,未曾显现明显的性格特征,学生没有个性,如何进行个性化学习?每个学生都有不同的特点、需求、兴趣、风格和偏好,大一统、一刀切的同步教育对许多学生来说显然是不合适的。个性化学习与同步学习相比较,二者在教学模式、学习目标、学习方式、学习内容、学习档案、学习资源、教师作用、学习时间和计划、角色定位、学习支持、考核与评价、学习空间等方面都有显著的区别。

个性化学习以学习者作为主体,根据每个学生的个性特点、基础优势、知识经验和能力、学习需求和兴趣、学习偏好和环境量身定制教学方式和教学内容,包括给予学生在学习资源、方式、时间和地点等方面的主动权和选择权,进而提供灵活的学习支持和学习评价,追求每位学生在最高水平上掌握学习内容。《教育和技能的未来:教育 2030》提出了未来创建个

性化学习环境的重要性,学校应当培养学生的主动意识,改革传统学习模式,培养学生创新能力和解决问题的能力。"STR"导学案、导练案在设计中强调学生的学习需求,评估学生的学习能力,然后按照需求和能力提出不同的弹性目标,学生在探究、研讨、交流中整合学习内容,调整学习路径,使知识内容和学习情境更符合自身的个性化学习需求。在课堂教学中,教师要充分发挥学生的主体地位,落实教师的主导、引领作用。教师根据学习内容的不同提供不同的指导,一方面要创造一定的学习条件,使学生有条件用不同的学习方法学习。另一方面教师要创设不同的学习环境、条件,允许学生在课堂上选择适合自己习惯的学习方法,可以自主探索,可以相互讨论,还可以请教老师,从而实现个性化学习。没有个性,就没有鲜活的人的发展,就没有创造性人才的成长,让学生在自主、合作、探究等多样化的学习方式背景下学习,让学生在生活中学习,让学生在实践中学习,让学生在丰富多彩的活动中学习是培养学生个性的有效途径。

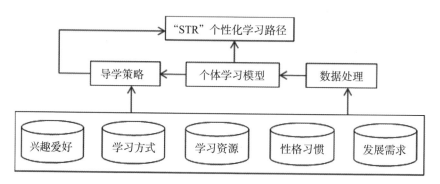

个性化学习框架的构建基于学生独特的兴趣、个人风格和特定的需求形成学生个性化的学习方式,帮助学生与外界的开放性学习建立真实有意义的关联,允许学习者通过展示能力和取得的成绩,为学生提供个性化认证,调整个体的学习速度和节奏,促使每个学生的学习潜力得到充分激发,形成以学生个性为主导的学习模式。

四、从"常规性学习"向"挑战性学习"延伸

布鲁纳认为,向学生提供挑战性的、合适的学习机会,可以促进智慧发展。挑战性学习任务是一种集探究、应用、创造于一体的教学活动,可以激发学生的探究欲望,推动学生学科思维深度参与,促进学生高阶思维发展。在挑战性学习任务设计中,应以核心问题(即具有"集中、引导和指导学生思考"的问题)为引领,让学生在学习探究活动中目标更明确,思维更聚焦,进而深刻理解和掌握学科核心知识,真正凸显以生为本的教学理念,实现"少教多学"。

按传统"小步快走,层层铺垫"的教学思路展开教学,学生学习被老师牵引,学生往往学得无趣,缺乏动力。挑战性学习任务有助于学生经历深度学习,变"单兵作战"为"兵团作战",合作学习得以发生,思维得以碰撞。挑战性学习任务由于具有一定的挑战性,其解决问题的方法往往是多元的,不同层次学生的解答会有明显的差异性。这种差异性也为学生之间的互动交流、深度对话提供了生成性学习资源。"STR"课堂学习模式,体现的挑战性学习任务不仅在新知探究过程中发挥效用,也可在练习和复习课的教学中提升学生的学习效能。练习和复习课中的挑战性学习任务,有助于学生通过比较发现不同问题情境间的内在关联,提炼出其中的学科知识本质、解题规律,提升练习课的训练效益。挑战性学习任务的设计必须具有明确的指向性,以核心问题驱动学生的自主探究活动。在核心问题的表达、细化、拓展上下功夫,使得挑战性学习任务具有操作性、逻辑性、深刻性,进而使学生的数学思维更全面、更细致、更深入、更清晰。

事实上,在"STR"课堂教学实践中,以挑战性学习任务驱动学生的深度学习,并没有随意加大学生学习的难度,反而引领学生将思维深度参与到学习活动中,实现教学意义的自主建构。基于学科核心问题设计挑战性任务,适用于新授、练习、复习课等多种课型,有助于学生深刻理解和

把握所学知识和思想方法，引导学生从整体上把握知识间的内在联系。当然，教师需要聚焦和提炼核心问题，在活动设计的艺术性、教学追求的高立意等方面展开探索，并基于学生认知水平展开设计，把握教材深度与广度，进而以挑战性学习任务驱动学科深度学习，培养高阶思维能力，提升学生的学科核心素养。

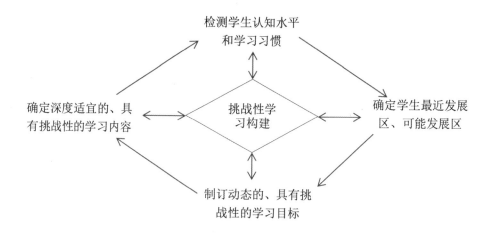

五、从"机械识记"向"研究性学习"转变

学生以往的学习强调通过"接受""识记"等方式掌握系统的完整的理论知识，对自身能力的培养并不关注。不仅如此，由于缺乏实践经验，即使是对理论知识的掌握也只注重死记知识结构本身，并不考察知识的产生过程及其如何在现实社会中应用，因此造成知识整体的残缺。"STR"研究型课堂教学模式的产生，一扫"填鸭式"的传统教育模式，将课堂开放到现实的实践中，使学生通过导学案、导练案对相关知识进行研究与实践，应用所学理论解决实际问题，逐步养成主动研究的态度和批判、创新的精神。应该说，"STR"研究型课堂教学模式的设立有利于建立一种从内容到实践都具开放性的学习模式。这一模式必将在培养研究型人才的同时推动知识学习实现跨越式的发展。

"STR"学习模式所形成的研究性学习,倡导自主学习、探究学习和实践操作,拓展了学生学习知识和发展能力的范围和途径,为学生提供更多的发展机会和充分的自由,使学生成为学习过程中名副其实的主体。从提出问题、设计方案到探索研究、解决问题,在教师的引导下由学生主动实施。在学习过程中学生的聪明才智获得充分发挥,潜能得到开发和释放。同时,以小组为单位开展的研讨活动有利于培养学生的合作意识和团队精神。可以断定,研究性学习在促进知识的综合化,提高人的主体性、探究能力、创新能力和人际交往能力,形成积极的学习态度,促进理论与实践的结合,以及形成健全的人格等方面起着重要作用。

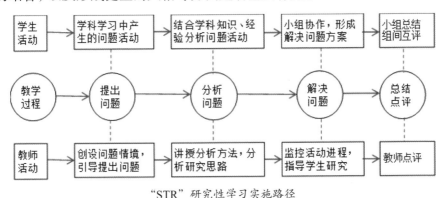

"STR"研究性学习实施路径

在研究性学习过程中,教师不再作为知识的权威,将预先组织的知识系统传递给学生,而是要与学生共同开展探究知识的过程,在过程中建立一种合作伙伴关系。教师为有效指导学生,需要分析学生的知识储备,理解学生的思路,然后根据学生的实情进行指导和帮助。

六、从"非结构化学习"向"结构化学习"提档

随着基础教育课程改革进入深水区,在以学生为主体的课堂教学中,三维目标体系的建立让教学从侧重知识的传授和技能的强化上升为重点关注学生学习能力的提升,关注学习者在学习过程中的体验、感悟和经验

累积。但在教学过程中，学习碎片化的痕迹较重，不仅体现在课堂教学过程中，还体现在教材体系的编排中，也体现在教师的教学理念及学生的学习目的中。为此，结构化学习的需求就凸显出来，这也是回归学科本质的需求、贴合学生认知规律的需求。所谓结构化学习，是指建立在学科知识系统和学生已有认知基础之上的，以整体关联为抓手，以动态建构为核心，以发展思维为导向，以基础学力与学科素养为目标追求的学习过程、学习方式和方法。皮亚杰认为，结构是一个自动调节的转换系统的整体。

布鲁纳指出："掌握事物的结构，就是以允许许多别的东西与它有意义地联系起来的方式去理解它。简单地说，学习结构就是学习事物是怎样相互关联的。"具体地说，结构化的学习内容具有三个主要特征：一是学习内容在于整体情境，有明确的目标指向。结构化的学习内容，一定由若干部分组成，这些部分不仅归属于一个整体，并且服务于一个特定的教学目标。二是学习内容与学习内容之间存在关联。结构化的学习内容，各组成部分不是孤立的、散在的、无序的，而是存在着逻辑关联、意义关联。三是学习内容能够超越表面的意义，建构崭新的、有深度的、个性化的意义。结构化的学习内容，其意义不是各组成部分的意义的简单相加，因此探究、发现、反思学习内容背后隐藏的更深刻的规律、更本质的意义，才是学习的核心价值和理想境界。

在"STR"课堂学习过程中，并不是要求学生简单地掌握孤立的知识或记忆更多的事实性信息。学科教师在导学案、导练案的设计上，引导学习者理解学习内容的本质属性，全面把握学科知识的内在联系，并将新知识与已有知识进行联结，形成关联，以实现知识的理解和记忆。围绕学科重要的概念框架组织起来的结构化的知识，能够提高知识应用的检索效率，发展学生高阶思维，提升解决问题的能力。"STR"课堂教学中教师的主导作用固然重要，但学生必须发挥自身的主体作用。学生要主动参与学习，勾连比较，分析统整，自主建构；在小组合作学习时学习成员间需要深度对话，有效沟通，相互帮助，协作解决问题。在这一过程中，学生的思维能力、学习能力及解决复杂问题的能力都将获得显著提升。教师在组织学生和落实学习目标时,要能遵循教材知识结构的体系,以及学生储备知识水平。特别是教师在教学中设计的一些问题,要有科学的依据,有效引导学生进行分析和解决,让学生体验知识获取的过程。教师选择、编制的结构化学习材料可以是由一些同质的、相似的要素组成,透过其浅表的意义,学生能够发现有关学科知识学习的特殊规律;可以由一些彼此关联的、相互支持的、互为补充的要素或部分组成,学生通过意义链接和意义重构,能够获得对事物更丰满、更准确、更深入的理解。结构化的学习材料还可能是由一些异质的,甚至矛盾的、对立的要素或部分组成,它能引发认知冲突,唤起学习者的质疑、反思、探究、批判,重塑知识结构;结构化的学习材料也可以由教材中的一类小单元知识或大单元体系构建等。无论结构化的学习材料由哪些要素或部分组成,它们一定是相互关联的,指向整体情境、整体目标。因此,在教学设计中,教师必须有明确、清晰的目标意识,依据特定的教学目标来组织多样的学习材料,以实现学科教学的多元价值。

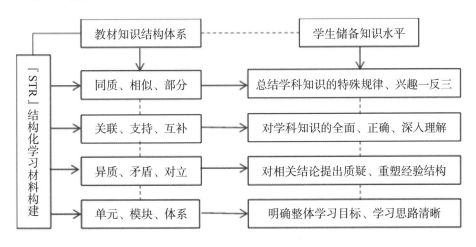

　　总之,"STR"课堂模式结构化的学习内容,表征的是整体的、关联的、比照的思维方式,唤起的是主动的、有深度的、探究的学习形态,对思维力和学习力的提升具有特殊的意义。因此,在学习进程中,教师要依据学

习内容的结构特征给予学生思维方法的指导和学习方法的点拨，特别是分析综合、勾连比较、归类统整、质疑反思的方法，还要注意引导学生回顾学习历程，总结学习策略，凝练思维方法，积累学习经验，举一反三，类比迁移，逐步实现学生自主整合学习材料、规划学习路径，提升分析和解决复杂问题的能力。

七、从"抽象认识"到"体验感知"提质

皮亚杰的学习与认知发展模式认为，体验（Experience）、观念（Concept）、反思（Reflection）和行动（Action）四个维度构成了成人基本的连续性发展思维。体验式学习是通过活动来实现特定的学习目标的一种学习方式，这些活动必须反映学生真实的学习状态，在一种隐喻的环境中带领学生进行学习和反思，从而达到类似模拟的效果。从形式来看类似于模拟，但又不是完全的模拟，它通常会用一种隐喻的方式去表现现实。在"STR"课堂教学实践中，常常采用开展各式各样的任务情境、结构式练习、模拟、个案、游戏、观察工具、角色扮演、日常技能实践等方法，进行角色演绎、情景再现和实践探索等活动，目的是提高学生求知欲，拓宽学生视野，增强学生自信，影响学生学习方式，从根本上提升学生学习能力。体验感知的优点在于运用的是学生易于接受的方式，参与性高，趣味性强；从价值传递上看也有明确的目标导向，并且学习的结果也是可预测的。体验学习更加关注学习的过程而不是结果，这种模拟情境可以创造学习者的个人经验，而个人经验又促进了他们的理解过程。

在"STR"课堂教学模式中呈现的体验式学习，要求教师以教材为根，预设情境，激发学生学习的内驱力。同时，教师根据学生的身心发展规律和成长特点，改变之前固定、老套的学习方式，引导学生在亲身经历、亲身体验的过程中发展能力，诱发学生学习的兴趣和积极性，充分发挥学生的主观能动性，把学生的生命发展作为目标与责任。教师在教学过程中，

遵循始终把学生的发展放在第一位，引导学生尝试、实践，并且突破，让他们在实践中体验式学习、自主性学习、个性化学习。体验式学习必须要调动学生全身心的投入，注重知识性；学习活动必须使知识性的内容得到传递，不能浮于形式。其次，理论要联系实际，通过自身的参与让理论性的内容指导应用于实践。

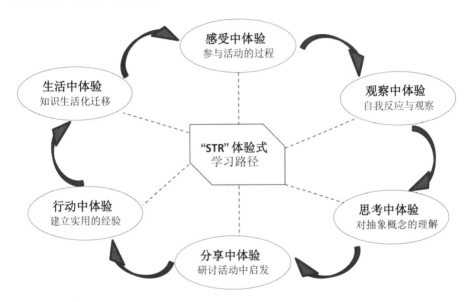

总之，在具体的教学实践中，我们应充分利用信息化时代资源共享的优势，紧跟新课改步伐，采用多种体验手段去吸引学生，培养学生学习兴趣，引导学生情感体验、实践应用。在学习过程中，启发学生思维，引导学生发现规律，合作解决问题。与此同时，又须清醒地意识到，发现这一个规律或解决这一个问题，并不是学习的全部意义，相反，在完成学习任务的同时使学生习得方法、进阶思维才是更重要的。

第四章 "STR"课堂教学与教师发展

第一节 实施"STR"课堂教学背景下
教师应具备的核心素养

2016年9月13日上午，北师大举行了中国学生发展核心素养研究成果发布会。这项历时三年权威出炉的研究成果，对学生发展核心素养的内涵、表现、落实途径等做了详细阐释。学生发展核心素养包括三个方面、六大素养、十八个基本点。这份核心素养在很大程度上影响了后来的课标修订、课程建设、学生评价等众多事项。

随着中国学生发展核心素养的提出，教育研究学者和一线教师对中国教师发展核心素养进行了热烈的探索。从概念界定、内容结构、发展路径等方面提出了许多有益的观点。

一、教师核心素养的内涵

什么是教师核心素养？笔者检索并浏览了几乎所有2016年以来公开发表的有关教师核心素养的文献，只有极少数学者对教师核心素养做了概念界定。

北京教育学院杨志成教授认为："教师发展核心素养是教师在职前学习和职后实践与培训过程中逐步形成的、满足教育教学和学生发展需要的必备品格和关键能力。教师发展核心素养是教师从事教育教学工作所需要的最关键、最必要的基础性素养，是教师通过教育学学科专业学习和教育教学实践与专业培训逐步形成的，是教育学、心理学、课程与教学论、德育论、学生组织与管理等多种教育学理论与教学实践技能的综合表现，是具有整体性和系统性的素养体系，教师的核心素养水平伴随教师的专业成长而发展。"①

孟宪良认为："教师核心素养是基于教师自身知识经验，不断形成和完善的一种关于知识内涵、知识技能、解决问题的综合性品质。教师的核心素养具有长期稳定性、发展阶段性、实践生成性和综合复杂性四个基本特征。"②

核心素养是一种人们终身都需要的必备品格和关键能力，其目的是实现人的全面发展。并且，其中的"素养"是指关键少数的高级素养，不是基础素养，目的是促进学科知识与专业知识之间的深度融合。

教师核心素养是当前教师专业化发展的时代延伸，是21世纪教师专业发展的代名词。即教师利用"核心素养"来要求自己，以便适应二十一世纪信息化时代的机遇和挑战，当教师具备这些少而高级的关键素养时，可以更好地进行教育教学，实现学生的核心素养发展。

二、教师核心素养的内容

学者和一线教师对教师核心素养的内容、结构体系提出了众多观点。

北京师范大学桑国元等概括了教师核心素养的基本框架，凝练了三大类型八大素养：师德与理念素养，包括师德素养、教育理念素养；知识与

---

① 杨志成：《中国中小学教师发展核心素养体系构建研究》，《教师发展研究》2017年3月。

② 孟宪良：《教师核心素养的内涵与特征分析——基于数学课例的解读》，《教师与发展》2021年2月。

能力素养，包括知识素养、教育教学能力素养；综合素养，包括人文素养、信息素养、研究素养、自主发展素养。①

教师核心素养的内涵和特征包括：融洽的师生关系、深厚的文化底蕴、广阔的外延和知识储备、良好的信息技术素养四个方面。②

首都师范大学崔扬、淮阳师范学院教育科学学院王会亭认为，教师的核心素养包括高尚的职业道德、扎实的知识基础、必备的自主学习能力、非凡的交往与合作能力、必要的实践创新能力、较强的科研能力、出众的教学能力七个方面。③

南京师范大学张夏雨、喻平通过研究，提出了数学教师核心素养量表，包括知识、能力、品行 3 个方面、12 大素养、48 个基本点。④

我们认为，在确定教师核心素养内容和构建教师核心素养结构体系过程中有两点需要考虑：

第一，以习近平总书记讲话和国家文件精神为指导。

近平总书记于 2014 年 9 月 9 日同北京师范大学师生代表座谈时的讲话提出要做"四有好老师"，这就是要有理想信念，要有道德情操，要有扎实学识，要有仁爱之心。

2012 年 2 月 10 日，教育部印发《中小学教师专业标准（试行）》，提出了师德为先、学生为本、能力为重、终身学习四个方面要求。

第二，要提取核心的、关键的素养，而不是基础素养，更不是所有素养，并且数量要适度，少了流于空泛，多了，既没有"核心"，也不便于推行。

---

① 桑国元、郑立平、李进成：《21 世纪教师的核心素养》，北京师范大学出版社 2017 年出版。

② 孟宪良：《教师核心素养的内涵与特征分析——基于数学课例的解读》，《教师与发展》2021 年 2 月。

③ 崔扬、王会亭：《教师核心素养及其培养》，《教学与管理》2020 年 9 月。

④ 张夏雨、喻平：《高职院校数学教师核心素养量表的编制》，《数学教育学报》2018 年 12 月。

我们认为，在实施"STR"课堂教学背景下，教师核心素养包括三个方面、八大素养。

三个方面	八大素养
第一方面：道德情操	①热爱祖国
	②忠于职守
	③关爱学生
第二方面：专业学识	④学养厚实
	⑤专业过硬
	⑥教学有方
第三方面：育人智慧	⑦严而有度
	⑧循循善诱

1.道德情操

古代谈修身齐家治国平天下，把修身放在第一位。

教师修德是为了促进学生养德。老师的人格力量和人格魅力是成功教育的重要条件。老师对学生的影响，离不开老师的学识和能力，更离不开老师为人处世、于国于民、于公于私所持的价值观。一个老师如果在是非、曲直、善恶、义利、得失等方面老出问题，是无法担起立德树人的责任的。所以学校希望在实施"STR"课堂教学背景下，我们的教师能努力做到率先垂范、以身作则，引导和帮助学生把握好人生方向，特别是引导和帮助学生扣好人生的第一粒扣子。

道德情操包括热爱祖国、敬业爱岗、忠于职守、正义感、遵纪守法、公平公正、责任担当、关爱学生、团队精神、包容精神、敢为人先、共享意识等诸多方面，我们通过在师生中调查筛选，遴选出热爱祖国、忠于职守和关爱学生三项，这是在实施"STR"课堂教学背景下教师必备的最核心的品质。

（1）热爱祖国。

教师一定要有爱国情怀。只有骨子里爱国的教师才能培养学生从骨子里热爱祖国。一个骨子里不爱祖国的老师，是很难培养学生的爱国情怀的。我们老师自己一定要从心底里热爱党、热爱祖国、热爱社会主义。

（2）忠于职守。

按照教师职业规范，做好传道授业解惑各项工作，是教师的职业要求，也是基本素养的体现。和其他的职业不同，教师的工作不仅需要知识和技术，更讲究思想和感情的投入。仅仅把教师当一份职业干好，显然是不够的，要爱上它，把它当成一项事业做好。 从职业到事业，一字之差的升华，却是在爱的驱动下，万千真情的投入。 爱，就好像盐一样，天天挂在嘴边不行，一餐少了也不行，虽然不起眼，但调和百味。 教师对自己的工作如果没有融入爱，就像淡而无味的菜，吃起来如同嚼蜡一般。爱上教师这个职业，和爱上一个人一样，是一个了解、认同、投入的过程。了解是前提，认同是关键，投入是保证，三者相辅相成，缺一不可。要真正了解教师，不是自以为是、先入为主的"所想即为所知"，也不是一知半解的"犹抱琵琶半遮面"，而是要"跳出老师看教师"，以局外人的客观和旁观者的冷静，去全面准确地认识和把握教师的使命责任、价值追求、目标任务，以及工作特点、方式方法等，尤其要紧跟时代步伐，主动适应新形势下党和人民对老师的新要求。思想认识的深化，进而催生感情的归属、角色的认同和自豪的激励。师者，和执掌一城一地的市长比，虽然只有三尺讲台，但是思想和知识的传播能超千里；和帐下千军万马的将军比，尽管孑然一身，但是桃李芬芳，门生可遍天下。真正了解、真心认同，便能唤起真情投入，在物欲横流中抵制诱惑；耐得住寂寞，坐得住冷板凳，潜心教书育人，便能在纷繁复杂中洞明世事，言传身教，专心立德树人。

做教师要任劳任怨，于日常见高尚。比如下午的测试卷，你全批全改，晚上与学生见面。晚上的测试卷你仍然全批全改，第二天早上与学生见面。学生认为昨晚他们的老师肯定又是挑灯夜战了。人心都是肉长的，爱心和理解都是互相的。人与人之间的关系就像一面镜子，你投射出去的是一个什么面容，它反射回来的也是这样的面容。

（3）关爱学生。

常言道，先有父母心，再做教书人。爱自己的孩子是天经地义的，所以父亲母亲能把自己的儿女爱到位已经很了不起。把学生当作自己的儿女一样来爱，这就是博爱、大爱。大爱就要有父母之心，要有包容之心，要有悲悯之心。

当教师，尤其是班主任，需要修炼强大的包容之心。没有包容之心，这不是一个性格问题，而是一个品性问题，没有真正的爱心和悲悯之心的教师很难有真正的包容之心。内心充满爱、有包容之心的老师，才能拿捏好分寸，才能对学生严而有度，严而不苛，才能在包容个性、接纳差异的过程中，有效矫正学生的不当行为。

爱护学生，不是毫无原则、任其所好的溺爱，不是只见其长、不顾其短的偏爱，也不是以严格为名、行苛刻之实的畸形之爱，而是从学生的实际出发，着眼健康成长和全面发展，尊重、发现、培养学生的爱护。爱护学生，首在尊重，被誉为"美国的孔子"的爱默生曾经精辟地指出："教育成功的秘密在于尊重学生。"要在"爱生如子"的同时重视与学生之间的人格平等，不以权威压制其自信，不以共性扼杀其自立，发展相互尊重、平等和谐、教学相长的师生关系。要注重全面发现，既要善于挖掘学生的优点，也要准确识别学生的缺点，前者如同锦上添花，后者好比木桶补短，两者都非常重要。教师要做到科学培养，在全面把握学生性格特点、兴趣爱好、优势与不足的基础上，因人而异、因时而进、精心施教、爱而护之，当好学生健康成长的指导者和引路人。

2.专业学识

教师必须把书教好。要教好书，需要多方面的素养，我们认为在实施"STR"课堂教学背景下，学养厚实、专业过硬、教学有方是最重要的三个方面。

（4）学养厚实。

北京师范大学教育心理学专家肖川博士认为："丰厚的学识和彻底的理性才能赋予人一种大气。这种大气，作为教师是非常需要的，因为只有大气，才能真诚地鼓励学生放飞想象的翅膀，去拓展已经变得十分逼仄的心灵空间和精神世界。"

有一句话："唯心所现，唯识所变。"比如大家同样读一本书，对书上的理解和认知是不同的，为什么呢？因为我们的"识"不同。这个"识"包含了我们的境界、价值观、智慧和定力，包含了我们所有的东西。所以大家读同样的一本书，会读出不同的内容。举一个非常简单的例子，如果你现在是 40 岁的人，和 8 岁的孩子同时读一个童话故事，你会发现你读的肯定比孩子读的深，为什么呢？"识"不同。所以读书就会读出来差别。但是书的内容是不动的。比如说我们读儒家的思想，2500 年前的文字都没有变过。为什么读出来会不一样呢？因为"识"不同，境界不同，视野不同，所以读出来就不一样了。

现在的人们，要么工作忙得要命，要么一部手机玩半天，所谓阅读都是快餐式的、零星的、浅表层的。如果我们没有一个规划，不强制自己在一个月、半年，或者一年读一本或几本书，那么我们的水平实际上是停滞不前的，我们的境界、胸怀实际上是固化的，我们对问题的洞察力是没有得到提升的。

"唯识所变"，就算你已经很优秀了，但是要再朝前走，除了认真工作之外，就要在提升我们的"识"上下功夫，要努力厚实自己的学养。

肖川还有一句话："忙碌导致肤浅。"我们应该在忙碌中，在周末在假期，寻找一点点闲暇时间，忙里偷闲，或者看看书，或者静下心来想一想问题，理理头绪，梳理一下问题的来龙去脉。

思想力的提升，对于教师从一般的骨干发展为专家型的老师、专家型的班主任是很有帮助的。

（5）专业过硬。

当老师，特别是高中老师，专业一定要过硬，一是要功底厚实，二是要知识渊博，三是对知识点理解要透彻。过硬的专业知识会给老师带来很强的学术征服力。反之，专业不过硬会减少学生对你的信任感。曾经有这样一位重点高中物理老师，他所教的学生很多都是学霸级的学生，学生向他询问物理问题时，他经常会说，我明天再告诉你。这样的次数多了，时间久了，学生基本上不再向他询问问题。如果一个教师的能力超级强，学生提出的数理化方面的问题，差不多都能即时解答，想不让学生崇拜都不行。教师不可能回答学生提出的一切难题，但是教师要努力使自己能够回答学生提出的绝大多数问题。

教师要有钻研精神，对教材、对学科问题、对知识点要吃透。教师只有理解透彻，才能给学生讲解透彻。教师只有理解透彻，才能对学生提出的众多问题应对自如。

我们要坚持"桶水理论"，要给学生一碗水，教师就得有一桶水。我们要引来活水源头。"问渠那得清如许，为有源头活水来。"我们要与时俱进，坚持不断地学习，不断充实自己的专业知识，提升自己的专业素养。

（6）教学有方。

这里包括三个层面：宏观教学思路、中观教学策略、微观知识点睛。

宏观战略是一种从全局考虑、谋划实现全局目标的规划，是指导全局的方略。宏观战略是做方向性选择。为什么说八七会议成为历史的转折？因为在国民党叛变革命之后，共产党，从对国民党妥协退让，转变为武装反对国民党反动派，直至建立革命根据地。

一个成熟的老师都有自己成熟的宏观教学思路。

策略是为实现一定的战略任务，根据形势的发展而制定的措施和采取的方法，是达成目标的手段，是方法上的应对。一个章节、一篇课文、一个专题，如何教授才更加有效？这就要根据不同的内容、学生不同的基础，确定不同的教学策略。有的教师在教学过程当中对重难点没有很好地重视，没有很好地突破，这是教学策略不适当造成的。毛主席有一个著名的策略，就是"集中优势兵力，各个歼灭敌人"。

微观知识点睛。教师要以研究的态度对待知识点，尽可能做到理解透彻，摸索有效的教授策略。全面透彻了解重要知识点，不是为了把我们所知道的一股脑儿地抛给学生，而是为了更简洁地、省时高效地教学生。

3.育人智慧

教师既要精于教书，又要善于育人。习近平总书记指出："要坚持立德树人、以文化人，建设社会主义精神文明、培育和践行社会主义核心价值观，提高人民思想觉悟、道德水准、文明素养，培养能够担当民族复兴大任的时代新人。"育人智慧包括批评得当、表扬激励、宽容待人、严而有度、善于欣赏、心理疏导、长于说服、循循善诱等方面，我们从中遴选出严而有度、循循善诱两项作为在实施"STR"课堂教学背景下，教师在育人智慧方面的核心素养。

（7）严而有度。

俗话说，严师出高徒，老师教育学生当然要严格要求。但是老师的要求要严而有度，严而不苛。教师的性格过于强势，过于刚烈，要求过于严苛，就像木匠一条直直的墨线，不得越界一点点儿，对于多数学生来说，不会产生太大的问题。但是对于那些个性比较强的学生来说，就可能产生严重的对立。我们的教育可以使一个个性很强的学生成才，也可使一个个性很强的学生毁灭。在包容学生个性的同时，教师需要逐步地矫正学生的性格和行为。

要避免"强势妈妈懦弱儿"的情况出现。强势女人不等于女强人。我们所说的强势，更多指的是性格上而不是事业上。很多女强人在工作中是"铁娘子"，回家就变"小娘子"，反倒婚姻很幸福。相反，有些女人事业未必做得很大，但脾气很大，气势很大，特别喜欢在家里说一不二，我们把这种在家里喜欢做"女王"的妻子称之为强势女人。家庭里女人过于强势，不仅老公受到压制，对儿子的成长也非常不利，甚至会出现这样一个情况：女人越强势，培养出的儿子反倒越懦弱。对学生要求严而不苛、严而有度，不要越俎代庖，不要什么事情都放心不下，让学生自己主动探索，在探索中成长，在探索中成熟。

（8）循循善诱。

教师要善于引导学生进行学习，要善于引导学生养成良好的行为习惯，要善于引导学生培养健康品格。

比如，对于学困生，我们经常告诫他们要有自信。我们总说信心比黄金都重要。

一个学生课听不懂，作业不会做，考试100分得40多分，他总是生活在挫败感当中，你怎么让他建立信心？你对他说信心比黄金都重要。但是，在他心中，信心一文不值，就是可望而不可即的、虚无缥缈的浮云。

信心，只有在学生一点一滴的进步中逐步建立，只有他在他自己能够解决的一个个小的问题中建立。

作为科任教师，我们的教学容量、教学难度、教学速度，一定要适合班上的多数学生，让学生有一种可及感（Availability），通过努力可以达到目标，跳起来可以摘到桃子，不能可望而不可即。有时老师的理想很丰满，现实却很骨感。一旦我们的教学容量、教学难度、教学速度，超出了自己班学生力所能及的范围，什么大纲要求，教材要求，都是无用的说辞。

我们要坚持循序渐进，不能急于求成。"企者不立，跨者不行"，这是老子《道德经》里说的话。"企"就是踮着脚尖站立，"跨"就是两步并作一步走，大步走。这句话的意思是踮着脚尖站立，站立不长久；两步并作一步走，不能走得很远。这句话给我们两点启示：一是不能急于求成，急功近利。二是不能把特殊时间特殊地点为了达到某种特殊目的而采取的特殊手段常态化。我们不能说"企""跨"本身就是错误的行为。为了够到某个够不到的东西，我们需要"企"，就是踮着脚尖站；为了跨过一个沟壑、越过一丛荆棘等障碍，我们需要"跨"。但是如果我们把这种特殊手段常态化了，那就错了，这就违背了辩证唯物主义，犯了形而上学的错误。

科任教师之间一定要协调沟通，晚上的作业量、周末的作业量，要适当加以控制和调节。不然有的学生会被我们的任务压垮，最终会崩溃的。

"STR"中的"R"，取 Research 和 Resources 双重含义，无论是研究方式的广泛采纳，还是资源搜集处理运用方式的普遍使用，都会促使教学过程发生一个重大变化，即从预设为主生成为辅向预设生成并行甚至生成多于预设转变，教师就没有那么"主动"，心里没那么有底，随时可能接来自学生的"飞刀"。这就要求教师更加身正、更加博学，要求教师钻得更深，悟得更透。只有这样，教师才能更好地引导学生形成正确的价值观，促进学生培养健康品格，帮助学生学好文化知识和掌握学习策略。只有这样，我们才能真正担起为党育人为国育才的责任。

第二节　基于"STR"课堂教学的教师发展路径

教师承担着传播知识、传播思想、传播真理的历史使命，肩负着塑造灵魂、塑造生命、塑造新人的时代重任；教师是学校最丰富、最有潜力、最有生命力的教育资源。教师专业发展重在教师核心素养的提高，作为学校新文化教育理念的"STR"课堂教学模式，是学校创建国家级研究型示范校的需要，是提高教学效率与质量的需要，是让学校成为真正意义上的学习化组织，凸显学校研究特色，提升教师核心素养，打造研究型教师的根本途径。

一、指导思想

"STR"课堂教学模式旨在强化教师作为教学的组织者、引导者、合作者的角色地位,突出学生的主体地位,凸显自主、体验、感悟、建构的特征,形成以学为中心的课堂,主要目标是培养学生自主学习的意识和能力以及良好的团队精神,为学生终身学习和长远发展奠定坚实基础。为了"STR"课堂教学的高效性,教师的专业发展显得尤为重要。学校以全面提升教师专业素养为前提,以改进教学方式为抓手,以丰富教师育人智慧为主线,以丰厚教师人文学识为助力,让学校教师队伍具备研究职能,形成自我发展、自我创新的内在机制,打造一支道德高尚、素质优良、勤于研究的师资队伍。

二、工作目标

1. 弘扬师德,从教行为更加规范。
2. 创新机制,教师培养多元立体。
3. 加强研究,学术水平不断提升。
4. 培植典型,名师队伍逐年扩大。
5. 外引内培,学科实力逐渐雄厚。

三、"STR"课堂教学模式下教师发展路径

(一)丰厚教师人文学识,提升教师道德情操和文化底蕴

读书可以让人保持思想活力,让人得到智慧启发,让人滋养浩然之气。学校把爱国主义教育、爱岗敬业、师德素养建设和教师读书活动纳入教师队伍建设整体工作进行统一部署,统筹规划,建立长效激励机制,丰富读书模式,扩大教师的视野,开阔教师的胸襟,滋养教师的灵魂,涵养教育的生态,满足教师精神性和发展性需求。

1. 指导思想及策略

（1）强化顶层设计。制定学校职工书屋建设暨教师读书活动三年行动计划；加强职工书屋五方面（阵地、环境、功能、品牌、制度）和四向度（美学空间、优质图书、人文服务、推广活动）的建设。积极吸引更多的教师多读书、读好书。

（2）推进自主创新。年级、教研组、名师工作室结合实际，集聚智慧和力量，憧憬诗意与远方，形成各具特色的读书活动品牌，让读书真正成为一种生命自觉，成就"你若盛开，蝴蝶自来"的境界。

（3）主题活动常践行。开展同读共进、悦读分享、读书论坛等主题活动，深度推进教师自助、自发、自觉阅读。如历史传记解读、国学经典赏析、阅读推广策略、阅读实践与探索、《弟子规》和《朱子治家格言》经典诵读、《大学》和《中庸》讨论分享等。

（4）读书活动多维度。一是开办线下读书会。通过名家引领、伙伴互动，带动师与师、师与生、学校与家庭、教育与社会的读书热潮。二是创新线上读书品牌。积极参与武汉教育联盟微信公众号读书活动，拓宽优质资源。三是组织定期主题分享。坚持每月组织丰富多彩的教师阅读交流展示活动；定期开展小型多样的读书分享、盟际交流、文化寻访等活动。

（5）专题培训层次化。一是参加市、区级培训的骨干教师及时传播分享。让培训内容更加多元化，富有指导性，发挥专业引领作用，指导阅读推广和年级职工书屋建设。二是开展校级培训。通过请进来、走出去的方式，结合校本培训、外出研修等形式开展丰富多彩的培训交流，让更多的老师享受读书的乐趣。三是拓展资源共享。加强与社会知名读书机构、图书馆、书店等合作举办读书会、亲子俱乐部、影迷俱乐部、艺术赏析等活动。整合资源，文化共享，实现互利共赢。

（6）品牌打造再提升。一是加大宣传力度。制作和推广一批教师读书活动专题片，宣传优秀典型，营造良好的读书学习氛围。二是打造年级、工作室读书品牌，发挥辐射示范引领作用。

2. 实施路径及目标

（1）让阅读成为教师学习、工作、生活的常态。学校举办"书香浸润人生，阅读伴我成长——青年教师金秋读书会"，让青年教师浸润在书香中成长；开展女职工"阅享生活"心理沙龙分享会，将读书活动与心理减压活动相结合，舒缓女教工心理压力；与来访的德国雷马根中学的师生一起进行"金庸小说中的武侠世界"读书交流活动，用侠义精神打通中德友好之路。通过"常高朗诵者"活动，征集多位教师的优秀作品进行专业录制，在全市读书联盟公众号中展示，让我们的校园诗人走向大众视野，教师们集体创作的诗歌《我在常青一中教书》，在全市417件征集作品中荣获一等奖；创作的情景剧《最美青春假期》在学习强国推送；今年初学校报送的9个好书推荐作品全部获奖。读书活动的开展，让书香浸润在教师的工作、生活、学习中，人人是学习之人，时时是学习之机，处处是学习之所。

（2）提升教师的综合素养。强化核心价值与主流文化，使其内化于心、固化于制、外化于形，形成具有年级特色的读书文化与读书品牌。开展丰富的读书活动，是滋养教师灵魂的重要途径。学校将"快乐读书"与"智慧工作"深度融合，将"学有所获"与"学思悟行"相统一，以"行动成功"和"持续创新"为追求，在学中悟，在悟中行，更新教师观念，提升教师的学习品质、工作水平、文化素养，争做有理想信念，有道德情操，有扎实学识，有仁爱之心的"四有好老师"。通过各年级历史赏析、经典诗词诵读、好书推荐等读书活动的落实，凸显年级文化特色，增强了教师的职业幸福感与团队归属感。

（3）推进校园文化建设。每个学期以教工社团活动阵地为依托，开设舞蹈、球类、书法、手工制作、形体瑜伽等9个教工社团课程，按周课表制度执行，吸引教职工广泛参与；定期举办丰富多彩的文体活动：歌唱祖国、

戏剧欣赏、艺术插花、美拍、数字油画、流体画、手工 DIY、教师心理健康维护主题团队活动、全校性教职工才艺展示活动等。展示了教职工综合素质与风采，营造充满文化感染力、凝聚力、辐射力的教职工精神家园。校园文化建设的常态化开展，有力地促进了学校的内涵与可持续发展，为教师的学习、教育质量的提升与学校文化发展注入了新的动力，教师综合素质得到全面提升。

（二）建立以校为本的培训制度，优化教学方式

为创建研究型教师队伍，推进"STR"课堂教学模式的落实，学校坚持理论与实践相结合的原则，建立多元校本培训体系，加强研究方法的培训和指导，帮助教师更新观念，涵养思想，打造过硬的专业知识，提高教师的理论水平和研究能力。

1. 校本培训形式

（1）以自我反思、同伴互助、专业引领为主要活动形式；以新课程为导向，以实践"STR"课堂教学模式为抓手，灵活运用案例分析、调查研究、实践探索、区域交流等多种教研活动方式运行。

（2）自我反思：教师的自我对话。遵循教师专业发展的规律，制定个人研修计划，并根据校本培训计划内容，自行学习和对自己的教学行为进行分析，提出问题，制订对策。

（3）同伴互助：以教研组、备课组为互助载体，促进教师间的对话。每位教师每周参加听评课活动至少 1 次，每周至少听课 1 节，每学期至少上 2 节研究课，每学期写教学反思 1～2 篇、教育教学论文 1 篇，着力提高教师教学研究的针对性和有效性。

（4）专业引领：一方面提倡教师从专业的刊物和互联网上学习名家教研思想；另一方面要逐步形成我校的专家群体，聘请本校特级教师、明星教师、学科带头人等名师为校本教研顾问。同时，聘请校外专家到校指导，促进我校教师的专业发展。将"随堂听课、课后评课、评后反思"作为新教研常规，促进课堂教学的实效性和教师的专业发展。

2. 校本培训考核评估

（1）成立由职能处室及部分骨干教师组成的考评小组负责管理和考核学校的日常校本培训工作。

（2）对认真完成培训工作的教师，给予相应的学时，由活动主持人或组长负责登记，并于每年六月份上报教研组汇总备案。

（3）各教研组教研成果考核分 A、B、C 三个等级，根据教师的"教学设计、经验论文、教学随笔、课例案例、课件设计与使用"等材料给予评定。

（4）每学年对校本培训、校本教研的成果进行汇总并编订成册。

（5）每学年开展"优秀教研组"评比活动。

3. 校本培训成效

（1）全体教师教育行为合格率为 100%。

（2）100% 的备课组能实施"STR"课堂教学的集体备课模式。

（3）80% 的教研组能有效实施校本教研工作。

（4）80% 的教师能认真参与课题研究。

（5）100% 的教师能应用"STR"课堂教学模式进行教学，呈现 30% 以上的精品课。

（6）100% 的学生在学习过程中有进步、有提高。

通过构建实施以教师为主体，校本教研为基础，现代信息技术和专业引领为支撑，"新理念、新课程、新技术和师德教育"为内容的校本培训体系，教师的专业水平和业务能力得到迅速提升，确保了"STR"课堂教学模式高效有序地落实，满足了创建研究型教师队伍发展需要。学生素质教育全面推进。

（三）多维度多层面打造教师团队，提升教师专业学识

在进一步完善学校市区"名师工作室"培养机制的基础上，组建教师专业发展研究团队，设立三大系列九个名师工作室，充分发挥名师的示范、引领、辐射作用，形成合理的人才培养梯队；发挥"青桐计划"的师承作用，形成"师徒型人才链"，调整"一师一徒"的结对模式，形成相互欣赏、相互学习的校园风尚，加速师德高尚、业务精良的教师队伍的壮大，提升"STR"课堂教学模式实施的精细程度和专业水平，保证学校的可持续发展。

1. 推进名师工作室领航计划

学校依托名师工作室（市级、校级），以"整合资源，强化管理，打造学校核心竞争力"为原则，组建多类别名师工作室研究团队，成立以成志刚、郑敏、徐锋、谌述涛、魏钊等市学科带头人、市十佳班主任、博士领衔的名师工作室，担任中青年教师培养导师，形成以名师为核心的高层次骨干教师团队和专家型教师研究群体，探索研究型教育教学的新路径及创新优秀教育人才成长培养机制，促进学校教育事业更好更快发展。

总体目标：帮助优秀中青年教师掌握先进的教学管理理念，具备宽广的视野，提升科学素养及创新的意识和能力；增强"STR"课堂教学的科研能力，提升其综合素养，为其发展为专家型名师奠定基础。

培养思路：立足"按需培训、立足教学、强化实践、开放合作"的工作思路进行培养。

（1）按需培训。在对学员的实际需求和专业发展进行调研的基础上，从实际情况出发，开发设计培训相关模块，切实帮助他们解决"STR"教学管理中的实际问题，确保学以致用。

（2）立足教学。以帮助和指导教师转变观念、充实理论、改进方法、提高"STR"教学管理能力为着力点和落脚点，切实达到提高教学质量的目的。

（3）强化实践。学员通过"理论学习—实践锻炼—反思提高—（再）理论学习—（再）实践锻炼—（再）反思提高"的过程，总结提炼出有效的"STR"教学管理经验。

（4）开放合作。在培养过程中，"STR"课堂教学观摩、集体会诊、网上咨询、课题研究等方面，均实行对内、对外全面有序开放，吸收各种优质资源。

主要职责：

（1）导师培养。制订培养方案，包括培养目标、培训课程、培训形式、研究专题、培训考核等，使各成员在工作周期内达到培养目标。工作室的基础培养目标是教研组成员应在优秀教师成长梯队中相应提升一级或成为在某一方面学有专长、术有专攻的知名教师。

（2）项目领衔。名师工作室以工作室领衔人的专长为基础，充分发挥教研组成员的集体智慧，针对教育教学实践中的重点、难点问题进行专题研究。工作周期内要完成研究课题并取得相应成果，撰写出一定数量的高质量论文或专著，促进学科教学的理论建设。

（3）成果辐射。指导教研活动的开展。工作室教育教学科研成果应以论文、专著、研讨会、报告会、名教师论坛、公开教学、现场指导、课堂视频、观摩展示等形式在全校范围内介绍、推广。

2. 加大青年教师培养护航计划

青年教师的培养关乎学校发展大计，为更好地实施"STR"课堂教学模式，学校制定《武汉市常青第一中学青年教师培养实施方案》，结合每学年的《青年教师"STR"培训实施计划》、"青桐计划"师徒结对等具体活动举措，以培训内容为主线，创新培养方式，达到培养目标。提升青年教师培养的针对性，促进青年教师迅速成长。

培训方式及特点：周周训、暑期训相结合。结合青年教师需求，制订每周培训活动安排计划表，在内容、组织形式上保持多样化：从基本素养、教学常规，到听评课、实操探究、问题探究等，让青年教师乐于参与，促进了青年教师的迅速成长；制订暑期专项培训任务单，组织青年教师赴外地考察学习，以小组为单位制订任务，通过讲座、考察、讨论、体验、实践等方式提升培训成效，开阔了视野；青年教师制订个人发展目标（一年做任务，三年打基础，六年成骨干，九年做名师），定期考核。

督导考核评价：

（1）每学期教务处组织安排新教师上"过关课"或者"汇报课"，并进行课堂教学评比活动。

（2）每学期教务处对青年教师业务笔记、听课笔记、教案、作业批阅等进行专项检查评比。

（3）每学期政教处对青年教师进行一次德育工作检查评比。

（4）每学期工会对青年教师进行一次普通话、粉笔字、钢笔字等教学基本功展示比赛。

（5）每学年办公室对青年教师进行一次综合素质考核。

学校按评价等级，分别给培训导师、指导教师和青年教师颁发证书，并与青年教师、指导老师和导师的评优评先等挂钩。

在骨干教师、青年教师培养中，学校落实"五心工程"——贴心、齐心、匠心、舒心、雄心；坚持"四原则化"——坚持序列化、落实规范化、推进一体化、实现精细化。各部门齐心合力打造教师队伍，共同推进教职工专业技能与综合素质素养的提升，增强教师队伍的凝聚力和向心力，提升了学校发展正能量。

（四）加强教研科研，让教师在研究中丰富育人智慧

教育永远是人的教育，应指向"个人成人"与人生幸福，教师要有为学生的全面发展与人生幸福而教的"生本观念"。"STR"课堂教学注重"因材施教，因人而异"。"因材施教"强调教育应从学生的实际情况、个体差异出发，有的放矢地进行差异化教育、个性化教育。

学校遵循教学即研究、问题即课题的理念，组织教师开展群众性的教研科研活动，构建了"基于问题，课例跟进，同伴互助，专家引领"的校本教研模式。以校级课题和省市规划课题为依托，形成了"学校—教研组—个人"三级课题研究格局，引导教师针对教育教学中的实际问题开展课题研究，着力构建教师个体研究机制、同伴互动研究机制、聚焦问题研究机制等多样化的课题运行机制，强化教师的理论思维和成果意识，不断提高教师的理论修养和学术水平。

学校自成立以来已经结题的课题有：武汉市教育科学规划"十五"重点课题"高中小班化互动式教学研究"、武汉市教育科学规划"十一五"重点课题"青年教师专业成长与指导研究""以语言本体为核心构筑高中语文教学新模式"、武汉市教育学会"十一五"重点课题"欣赏型德育课堂教学实践研究"、武汉市教育科学规划"十二五"重点课题"普通高中'少教多学'有效教学策略研究"、武汉市教育科学规划"十二五"规划课题"德育活动审美化改造有效策略研究"、武汉市教育科学"十三五"规划课题"普通高中信息技术与学科课程深度融合研究"，其中有两项课题获市级科研成果评比二等奖。已立项的课题有："基于社会主义核心价值观构建欣赏型德育体系的实践研究"，预计将于2021年结题。与此同时，学校还组织和鼓励教师开展个人课题研究，已有22位教师的个人课题获得市级立项，并在武汉市教育科学规划教师个人课题结题评选中获奖。

在课题研究的推动下，学校教师教育教学成果斐然，一支精研尚思的教师队伍基本形成。近几年，学校有76名教师的400多篇论文在公开学术刊物上发表，有102名教师的论文在各级论文评比中获奖，有72名教师在国家、省、市、区教学竞赛中获奖，其中胡利梅获全国中学地理教学竞赛特等奖，汪琴获国家级实验说课评比二等奖，新聘教师尉文静第一次参加武汉市高中政治优质课比赛便斩获一等奖第一名。

（五）以教师技能竞赛为抓手、助推教师建功立业

1.塑造校级教学竞赛品牌，打造教师业务能力成长平台

武汉市教师五项技能竞赛是发掘人才、锻造名师的重要渠道。现实中，很多教学能手、教学名师都是经过青年教师教学竞赛的洗礼和锻造而后成长起来的。学校每年上半年组织开展全校教师五项技能竞赛，将其作为教师培养工程中的一件大事来抓，通过这一品牌竞赛赛事营造"以赛促学、以赛促教"的良好氛围，促进教师教学能力提升。学校制订了教师五项技能竞赛机制、工作流程；成立竞赛工作专班、制订竞赛方案；建立了教师备战团队。每年2月制订竞赛方案；3月启动宣传，以名师、教研组为单位，从收集资料、设计教案、制作课件到课堂教学、课后反思等方面积极备战；4—5月聘请专家或名师开展教学设计、教学演示、教学反思、案例分析等竞赛项目的专题培训讲座；组织往届优秀选手传授竞赛心得经验，进行竞赛实战演练训练；6—7月开展全校教师五项技能竞赛，教师参赛率均达到100%。让参赛教师获得教学能力整体上的提升，成为教师今后成长的不竭动力。8月集训。围绕竞赛评价体系，对教师进行系统的语言、演讲、形体、表演、板书设计、综合展示等基本功岗位的素质训练，让教师在夯实基础的前提下，不断磨炼，突破自我。9月表彰奖励，经验交流。 武汉市第十五届教师五项技能竞赛状元获得者汪琴曾说："在完整经历了教学设计、教学演示、教学反思、案例分析以及综合展示五场比拼之后，我对于教学的真谛有了更加深刻的认识。以往容易忽视的环节，比如教学反思等，在备赛的过程中进行了查漏补缺，在赛后的教学生涯里也一直保持了这个良好的习惯，受益匪浅。最后的综合展示环节，看似与实际课堂关系不大，却在个人展示以及现场问答的过程中，充分展示出每位选手对于教师职业的理解，彰显出教育的意义。备赛过程中专家前辈悉心指导、选手之间取长补短共同进步、赛场上切磋技艺互相学习，参加市赛的经历是我

人生中非常宝贵的财富。"

2.岗位练兵常态化，培养教师终身学习的习惯与能力

新时代教师的专业知识扎实，思想活跃，资源储备充足，他们欠缺的只是"STR"课堂教学模式的经验，教学环节的设定，课堂节奏的把握等；通过科学系统的岗位练兵，可以让教师熟练驾驭"STR"课堂教学模式，体现课堂研究特色，完成由主到辅的角色转变。学校围绕市级教师五项技能的赛事标准，每学期有计划推进教师岗位练兵活动：举办教师粉笔字、板书设计比赛、征文评比；阶段性召开"STR"课堂教学模式工作推进会，以专题讲座、研讨会、学习简报等形式予以交流推广，供教师学习借鉴；定期开展"STR"课堂教学模式验收课活动，组织教师开展"人人上达标课"活动，依据课堂教学评估指标考核评定，确保教师人人过关；定期召开经验交流会，从分享到点评，由总结到表彰，层层推进，不断提升教师扎实的专业基础，促进教师对"STR"课堂教学模式理念的升华，引导教师勇于教学创新，加速教师队伍综合育人素质的提高，提升教师的学习力、研究力和教育教学实践能力。

学校借鉴全市教师五项技能竞赛的教学展示环节和综合展示环节的网络直播，拓宽教师的学习交流平台。每年下半年组织教师通过直播观摩、学习，定期组织观摩分享会，开展优秀观摩征文评比活动，帮助教师之间在教学方法上取长补短，博采众长；激发教师不断对自身的教学开展自我反思，有意识地学习多种教学方法，吸收国内外先进的教学理念，并在实际教学中进行自觉地运用，由此开展进一步的教学研究；激发青年教师立足教学、投身教学和致力于教学创新，促进教师持续、长远发展。

2018年学校获市人民政府授予的"武汉市第二十届技能大赛优胜单位"称号，2017年底，汪琴获"武汉市技术状元"称号，代表武汉市参加全国科学实验会演，与来自清华北大等名校博士生、科研所科技人员同台竞技，获全国二等奖。胡利梅获"武汉市武汉技术能手"称号。2015年、

2017 年、2019 年连续三届,学校获市教育局授予的"教师技能竞赛优秀组织奖"。

通过多年对教师发展途径的研究与实践,我校教师发展呈现多层面、广角度、大范围态势,教师的核心素养、专业素质得到整体跨越式提升,骨干教师队伍日益壮大,队伍结构不断优化,转变了教师的教学方式和学生的学习方式,形成了一支师德高尚、业务精湛、结构合理、素质优良、精研善教的研究型教师队伍,为实施"STR"课堂教学模式提供了雄厚的师资基础。学校现有 117 名教师,省市区骨干教师占比超过 60%,其中博士1 人,硕士研究生 46 人,市区学科带头人 28 人,市区优秀青年教师 37 人。

回首过去,我们收获了喜悦和汗水浇灌的果实,启程未来,为了梦想我们从未停下脚步。

第五章 "STR"课堂教学模式的实践推进案例

第一节 学校层面

学校自 2001 年成立以来，在市教育局的正确领导下，全面贯彻党的教育方针，全面推进素质教育，遵循"欣赏为美，自主发展"的办学理念，秉承"追求卓越，个性常青"的学校精神，聚焦内涵提升，着力特色发展，取得了显著的办学成绩和良好的社会效应。在相继获得市级示范高中和省级示范高中称号之后，学校着眼学生未来发展需要，提出了建设研究型学校的特色发展目标。作为研究型学校建设的核心工作任务，研究型课堂（"STR"课堂）教学改革自开展以来，学校的教育教学生态发生了极大的改变，教学质量逐年提升。2020 年，学校被评为教育部普通高中新课程新教材实施国家级示范校。

一、主要做法

（一）加强组织领导，以特色创建引领学校高质量发展

成立特色学校创建工作领导小组，负责创建工作的领导、管理、检查、指导和评估。明确处室职责，办公室统筹创建工作，教务处负责课程、课

堂和教师队伍建设，政教处负责校园文化和学生实践活动，工会负责教师培养，总务处负责后勤保障。强化顶层设计，制定了《武汉市常青第一中学关于建设研究型学校的实施方案》《武汉市常青第一中学"STR"课堂教学模式实施方案》，明确了创建特色学校的思路和目标。其总体思路是：在"欣赏为美，自主发展"的办学理念引领下，着眼学校特色发展，以立足校本、聚焦实践、多方参与、扎根教学为原则，以项目推进为抓手，在文化建设、队伍建设、课程建设、课堂建设、活动建设等五个方面突出研究特色，以课标、考纲、教材、课堂研究为载体，构建研究型教育教学工作体系。最终目标是：发展学生核心素养，培养具有科学精神、创新意识和实践能力的新一代人才，树立"切问笃学，立德雅行"的良好学风；促进教师专业发展，形成"精研尚思，德美育人"的良好教风。

（二）优化课程设置，为学生自主发展创造条件

严格执行国家、省、市课程设置方案，开齐课程，开足课时。在国家课程基础上，确立学校课程育人目标，即：使全体学生自主发展、和谐发展，培养学生的自信心、自学能力、团队精神、自我管理能力、出色的语言和口头表达能力，发展学生核心素养，为学生终身发展奠基。围绕这一育人愿景，结合新高考，对既有的"6+1+1"课程体系进行了调整和完善，使之与培养和发展学生核心素养的育人目标相适应。调整后的课程体系中"6"代表国家核心课程，"1+1"分别指学科拓展课程和自主学习课程，课程内容凸显了基础性、多样性、自主性、研究性特色。

（三）实施"STR"教学，为学生终身发展奠基

遵循教学即研究的理念，构建"STR"课堂，是我校建设研究型学校的重要载体和抓手。"STR"课堂中的"S"和"T"分别代表学生（Student）和教师（Teacher）两大课堂主体，"R"既表示课堂研究（Research）特色，也表示我校数据中心以智慧作业本和导学案、导练案的使用为基础，为课

堂教学提供的资源（Resource）支撑。"STR"课堂教学模式旨在强化教师作为教学的组织者、引导者、合作者的角色地位，突出学生的主体地位，凸显自主、体验、感悟、建构的特征，形成以学为中心的课堂，主要目标是培养学生自主学习的意识和能力以及良好的团队精神，为学生终身学习和长远发展奠定坚实基础。

（四）强化专业引领，让教师在研究中实现自我发展

遵循教师即研究者的理念，为教师搭建多样化的专业发展平台：一是充分利用学科教研组平台，将常态化教研活动落到实处；二是实施"青桐计划"，通过开展师徒结对、建立市校两级"名师工作室"、开展青年教师岗位练兵、教师五项技能竞赛等，为青年教师成长提供智力支持；三是组建多类别的研究型团队，如以备课组为单位的导学案、导练案研究团队，以"博士工作站"为平台的跨学科融合研究团队等；四是充分利用校外资源，与中科院水生生物研究所等单位建立战略联盟关系，帮助教师提升专业技能；五是遵循教学即研究、问题即课题的理念，组织教师开展群众性的教研科研活动，构建"基于问题，课例跟进，同伴互助，专家引领"的校本教研模式。

（五）研学活动育人，让学生在体验中实现个性化成长

分层开展研学旅行，培养学生创新思维和实践能力。学生进校第一年主要参与周边社区的生活小调查和志愿服务，开展"创新素质实践行"活动，熟悉研学的基本流程；第二年将赴校外教育基地实地调研，参加自然生态或社会发展状况的调查，体验研学的社会价值；第三年将有机会与校外院士、专家团队对接，开展专题课题研学，形成课题研学报告，提高研学的研究质量。学生的研学课题"奇妙的微藻世界"获全市中小学自然生态课题研学实践成果一等奖。

开设特色社团课程，培养学生个性和特长。根据学情数据，学校开设

了三个方向的社团：学科实验操作类、语言运用与欣赏类和艺体特长审美类。以小团队的形式开展微专题研究，加强学科教师的专业指导，提高社团活动质量。如生化社团开展了关于空气质量、身边物质的酸碱度、花青素的提取等十多项跨学科实验，提高了学生的实验研究兴趣，培养了学生的科学思维和创新实践能力。

二、取得的成效

（一）课堂研究特色日益明显

通过搭建平台、创设机制，引导全体师生积极参与研究型特色学校创建工作，师生的研究潜能得到了极大的开发，研究氛围日益浓厚。作为创建研究型学校的核心——"STR"课堂教学模式的全面推行从根本上改变了我校的课堂教学生态。各学科在学校"STR"课堂教学模式的总框架下，经过大胆的实践探索，总结凝练了具有各自学科特色的"STR"课堂教学子模式，各学科与之配套的导学案、导练案基本编制完成，智慧作业本提供的数据支撑大大提升了课堂教学的精准性。

（二）研究型教师队伍逐渐壮大

教师的教育教学研究意识和能力得到极大提升。2018年以来，我校教师在教育科研方面取得了丰硕成果，发表论文13篇，获奖论文24篇，开展课题研究10项，各级优质课比赛获奖34人次。其中，我校魏钊老师（博士）有4篇学术论文分别发表于CSSCI来源期刊及北大中文核心期刊；王玉婷老师的"探究温度对酶活性的影响实验"获全国实验创新设计大赛一等奖；徐锋老师的"运用手持技术探究凝聚法制备氢氧化铁胶体的过程"获全国化学数字化实验教学应用及创新设计二等奖，创新实验"铜电极失电子的可视化探究"获湖北省实验创新设计大赛一等奖；潘雄风、代潘阳两位老师共有 5 件微课作品发表在化学核心期刊《化学教育》公众号平台。另外,2020 年我校有教师 1 人参与湖北省 2020 年合格考命题(武汉市仅有 3 人),3 人参与武汉市 2021 届高三 9 月调考审题,3 人参与撰写 2020 年高考试题评析和 2021 届备考建议,1 人参编《湖北省高中地理课程实施指导意见》,4 人入选市学科中心组成员,2 人入选省教材委员会专家库。

(三)教育教学质量全面提升

随着研究型学校建设的全面开展,2020 年高考,学校一本率和高分层均实现了前所未有的突破:大文大理 600 分以上 4 人,理科最高分 657,大文大理一批上线 61 人,全口径一批上线 117 人,较 2019 年增长 21 人。学校师生、家长对于创建研究型学校的知晓率达 100%,认同率达 98%,对特色课程的满意率达 95%,整体满意率达 97%。

第二节 学科层面

一、基于"STR"构架下的语文"三为主"课堂教学模式

(一)教学模式遵循的教学理念

遵循国家教育部新颁布的《高中语文课程标准》的精神,以培养学生语文核心素养为目标,以《武汉市常青第一中学"STR"教学模式》为依据,突出"体验、感悟、建构"的"STR"教学特征,强化教师作为教学的组织者、引导者、合作者的角色地位,凸显学生的主体作用,构建以学为中心、以诵读为主线的研究型课堂,为学生终身学习和长远发展奠定坚实基础。

（二）教学模式的内涵与特征

教学模式是一种简化了的教学思想和理论，它通过某种便于理解的教学结构和易于操作的教学程序，把某些抽象的、纯粹的理论用比较具体的、形象的形式反映出来，为教师的教学提供了一个简单易行的教学行为框架，使教师在具体的教学实践中能够理解、把握和运用教学理论。

所谓"STR"，即师生合作，生生合作，小组合作，共同研究学习的一种教学思想。所谓"三为主"教学模式，就是以诵读为主线，以品味语言为核心，以自主探究为手段，以正确运用语言、全面提升学生语言素养为目标的高中语文教学理论与操作体系。"三为主"，即读为主线，品为主要，学为主体。其教学流程为"自主学习、读中感知——小组合作、读中品味——展示交流、读中探究——积累内化、读中背诵——达标检测、读后运用"。

（三）教学模式的具体流程和操作策略

1. 自主学习、读中感知

学生诵读课文，初步了解文本内容，完成导学案，质疑存难，让学生带着问题走进课堂。

"读中感知"是指以读的形式促进学生的自主感悟。在自主学习开始时，要求学生先放声自读，扫清字面的障碍，包括字音和断句，对作品有初步了解。再就是听名家朗读，从情感上对作品有进一步认知。然后再自由读，对作品进行整体感知，并结合自己的理解做出批注，并提出疑难问题，为下一阶段的品味语言做好准备。

"自主学习"要求教师提前1～2天（视情况而定）发放编制好的导学案、导练案，习题课下发任务单，并提出具体的自学要求。学生依照导学案对新课内容进行认真自学。要求所有学生必须解决导学案、导练案中的基础部分，对于有一定难度，个人自学无法解决的问题，或在自学过程中发现和提出的新问题要做好标记,以备在下一个环节中解决。学生要自觉、主动、独立完成导学案、导练案。教师要鼓励学生在自学过程中发现问题,善于质疑存难。教师在上课前要批改学生的导学案、导练案,了解学生的自学情况,进行二次备课,为下一个环节的顺利实施做好准备。

2. 小组合作、读中品味

通过小组合作的形式,初步交流导学案的知识要点,交流诵读的体会心得,互相促进,感悟提升,愉悦情感,享受课堂。

"读中品味"是指以小组为单位,以读促品,以品促读,提高学生的语感能力。品味语言的主要方法有:①美读感染法。根据文章内在要求,准确安排停顿、处理重音、把握语速,把文章朗声诵读出来。通过这样的美读,让学生耳与心谋,感悟语言的意蕴、情感、韵味,以培养语感。②比较揣摩法。对课文的标点、字词、句子或段落,采用"增""删""移""换"等办法,让学生在朗读中比较,体味语言运用的妙处。③语境创设法。根据教学需要,创设特定的语言情境,让学生设身处地,以特定的身份,参与语言活动,从动态语言中获得语感。④切己体察法。指导学生集合自己的生活经历,生活体验,去体察语言的意蕴、情感和韵味,以培养语感。

小组合作,还需要学生以小组为单位交流讨论导学案的答案,商定展示发言人。教师要反馈导学案、导练案完成情况,布置课堂教学任务及展示内容,强调展示环节的要求。观察小组讨论情况,优化预设环节,本环节用时5分钟。

3. 展示交流、读中探究

在全班以小组为单位展示导学案上的研究成果,通过读的形式理解所学内容,通过读的形式,适当地从广度和深度两个方面进行拓展研讨。

展示交流,需要学生主动参与,大胆诵读,注意倾听,做好笔记,积极交流,敢于质疑。教师要及时提醒上台展示的学生注意的细节(如台风、

语言、板书等），及时对展示学生进行评价，多鼓励、多表扬，对学生讲解不清楚的问题给予点拨和帮助，同时结合文本适当拓展，并加强诵读指导。

探究多以当堂小组合作的形式进行，也可以以课外作业的形式完成。探究的主体是学生，尽可能让学生充分讨论、质疑与交流；教师要引导点拨，扩展升华，形成共识，总结回顾。这是课堂的中心环节，用时30分钟。

4.积累内化、读中背诵

在小组合作探究理解的基础上要吸收和积累语言。好的作品片段要让学生多读，强化理解和记忆，有必要的要熟读成诵。

积累语言要注意背诵的方法指导，背诵方法首推理解记忆法。背诵一篇或一段文章时，首先要通读全文，弄清文章的主旨，然后了解文章的层次，来龙去脉，掌握文章的语言特点，抓住一些起关联作用的词语和句子，先分析、后综合，这样背诵起来就快得多了。背诵也要因文而定，如背诵议论文，可以从分析论点、论据、论证入手；背诵记叙文，可以从了解和掌握有关事实、记叙顺序入手。以《项脊轩志》为例，全文共五段，第二段是过渡段，第一段写"多可喜"，后四段写"多可悲"，因此全文可以让学生分两次背诵，先背第一段，再背后四段，减轻难度。第一段分三层，分别是：介绍南阁子先前情况，自己修葺情况，以及自己在南阁子读书的情况。可逐层背诵，化难为易。

不同的文体在积累内化上有所侧重：古诗文在读和品上，强调以读背为主，重在浸润；散文和小说在读和品上，以品味为主，重在情感的积淀；议论文、说明文在读和品上，以梳理思路和结构为主，重在思维品质的培养。当然背诵的方法还有快速诵读法、三步记忆法、趣味背诵法、分层背诵法、整分背诵等，要根据具体文章采用不同的记忆方法。

5.达标检测、读后运用

每堂课的学习效果可以通过导练案的方式进行达标检测。导练案要求学生独立完成,教师逐个进行批改。备课组要提前1周集体商议确定导练案。

为了更好培养写作能力,也可以开展课文即时仿写、口头写作、每周一随笔、美文展示等活动。

附

武汉市常青第一中学基于"STR"构架下的
语文"三为主"课堂教学模式课堂评价表

项目	内容细目	评价权重					案例依据
		5	4	3	2	1	
教学目标	三维目标有机整合						
	能体现"STR"教学理念						
	能体现"诵读式"教学的特征						
教学内容	重点突出,难点分散并有突破						
	诵读指导与品味的重点突出						
	突出学生的阅读体验和语言实践						
	有效整合教学内容,富有针对性						
教学过程	导学案设计合理						
	学生课堂交流与展示充分						
	读品说写训练有机融合						
	运用教学课件得当						
学习方式	体现学习的探究性						
	体现合作与交流的实效性						
	体现联系社会与生活的广泛性						

续　表

项目	内容细目	评价权重					案例依据
		5	4	3	2	1	
教学评价	体现评价的针对性和诊断性						
	体现评价方式的多元性和激励性						
主要特色							
总体评价：							

二、数学"三问、三步、三提炼""STR"课堂教学模式

（一）教学理念

按照《高中数学课程标准》的要求，以立德树人为根本任务，培养学生数学核心素养为目标，培养学生会用数学眼光观察世界、会用数学思维思考世界、会用数学语言表达世界的能力。以《武汉市常青第一中学"STR"教学模式》为依据，突出"体验、建构"的"STR"教学特征，强化教师作为教学的组织者、引导者、合作者的角色地位，突出学生的主体性，构建以学为中心的研究型课堂，为学生终身学习和长远发展奠定坚实基础。

（二）操作流程

"STR"课堂教学环节有五个，即：自主学习（质疑存难）—小组合作（互教互学）—展示交流（答疑解难）—尝试应用（形成技能）—达标检测（总结反馈）。其中自主学习、达标检测在课堂以外的时间落实。课堂教学主要落实"小组合作、展示交流、尝试应用"这三个环节。数学"STR"课堂模式为"三问、三步、三提炼"，具体要求如下：

课堂环节	时间	教师要求	学生要求
小组合作（三问）	5 分钟	①反馈导学案、导练案完成情况 ②围绕本节课的重点提出 3 个问题 ③布置展示问题，强调展示环节的要求 ④观察小组讨论情况，优化预设环节 ⑤在讨论结束时，确定好展示小组	①组内合作，交流讨论 ②商定展示发言人
展示交流（三步）	30 分钟	①及时提醒上台展示的学生注意的细节（如台风、语言、板书等） ②及时对展示学生进行评价，多鼓励、多表扬 ③对学生讲解不清楚的问题给予点拨和帮助	①主动参与，大胆展示 ②认真倾听，敢于质疑 ③积极思考，独立完成问题变式
尝试应用（三提炼）	5 分钟	①教师小结，补充学生小结中的遗漏点；为本节课设计一个思考题作为拓展 ②布置课后练习	①从知识点、解决策略、数学思想方法三个方面进行小结 ②整理课堂笔记和错题 ③独立完成课后作业

（三）环节解读

1. 三问

为了解决课堂展示内容碎片化的问题，在讨论环节面向全体学生提出这堂课的三个主要问题，这三个问题主要是导学案中问题导学部分与教材的整合（学案课）或者是学生出错点较多的知识链接（练案课），通过三个问题的提出给学生展示出这堂课的教学重点，学生围绕"三问"和"要展示的问题"进行讨论，梳理思路，确定展示人，积极组织语言。教师在讨论结束时，确定好展示的小组。

2. 三步

将展示环节分解成若干个小闭环，每个小闭环都是"展示—质疑—变式"三个步骤，如这堂课准备完成两个闭环，则在第一个闭环中，第一步先由选定小组进行展示（包括组内补充）；第二步再由其他小组进行质疑，若学生质疑不到位，则由教师进行质疑，最后达成统一；第三步面向全体学生进行变式训练，而且学生同步展示。第二个闭环如法炮制。通过这个环节，解决了学生学习中的困惑点、难点、易错点，并且对其进行了变式巩固。

3.三提炼

①学生围绕讨论环节中教师提出的三个问题从知识点、解决策略、数学思想方法三个方面进行课堂小结。

②教师对学生小结中的遗漏点等进行小结，并提出关于这节课内容的思考题，拓展学生思路。

③学生整理课堂笔记和订正错题，将课堂所获以文本的形式呈现。

（四）补充说明

（1）备课组提前一周准备好导学案、导练案。

（2）教师在二次备课时，准备好每个班级的"课堂三问"＋"变式题"＋"课后思考题（第一层次班）"。

（3）定期检查学生错题本。

三、英语"两线三段五环""STR"课堂教学模式

（一）教学理念

遵循国家教育部新颁布的《高中英语课程标准》精神，以培养学生英语核心素养为目标，从培养学生的语言能力、文化意识、思维品质着手，同时还要提升学生的学习能力。以《武汉市常青第一中学"STR"教学模式》为依据，突出"体验、感悟、建构"的"STR"教学特征，强化教师作

为教学的组织者、引导者、合作者的角色地位,凸显学生的主体作用,构建以学生为中心的研究型课堂,为学生终身学习和长远发展奠定坚实基础。

(二)操作流程

(1)课前环节:自主预习,阅读理解,寻找资源,质疑存难,让学生带着问题走进课堂。

教师		学生
学案导学 优化设计 二次备课	**课前**	预习教材 完成学案 查找素材

↓

展示目标 引导质疑		诵读词汇 头脑风暴
↓	**课中**	↓
巡视解答 难点点拨		小组合作 展示交流
↓		↓
总结归纳 反馈评价		查漏补缺 尝试应用

↓

巩固练习 反思总结	**课后**	背诵词汇 拓展阅读

常青一中"STR""两线三段五环"英语课教学基本模式操作流程图

教师提前 1～2 天(视情况而定)发放编制好的导学案、导练案,习题课下发任务单,并提出具体的自学要求。学生依照导学案对新课内容进行认真自学,同时参考相关资源,要求所有学生必须解决导学案、导练案中的基础部分,对于有一定难度,个人自学无法解决的问题,或在自学过程中发现和提出的新问题要做好标记,以备在下一个环节中解决。学生要自觉、主动、独立完成导学案、导练案。教师要鼓励学生在自学过程中发现问题,善于质疑存难。教师在上课前要批改学生的导学案、导练案,了解学生的自学情况,进行二次备课,为下一个环节的顺利实施做好准备。

（2）课堂环节:诵读词汇,合作分享,头脑风暴,让学生体会语言魅力,接触西方文化,享受语言课堂。

课堂环节	时间	教师要求	学生要求
诵读词汇 头脑风暴	10分钟	①反馈导学案、导练案完成情况 ②展示课堂学习目标,并以PPT的形式呈现主题内容,介绍背景知识 ③引导学生对主题进行质疑	①小组定人诵读词汇 ②积累同主题素材
小组合作 展示交流	25分钟	①及时提醒上台展示的学生注意细节(如台风、语言、板书等) ②及时对展示学生进行评价,多鼓励、多表扬 ③巡视解答,对学生讲解不清楚的问题给予点拨和帮助 ④难点点拨,并进行适当拓展	①组内合作,将已积累的信息交流讨论 ②商定展示发言人 ③主动参与交流,大胆展示 ④注意倾听,做好笔记 ⑤积极交流,敢于质疑
查漏补缺 尝试应用	5分钟	①小结,梳理知识框架,强调重点词汇用法 ②课堂检测词汇当堂记忆情况 ③布置课后背诵与阅读任务	独立完成词汇检测练习

（3）课后环节:背诵主题文本,词汇记忆,拓展延伸课外阅读,达标检测,让学生内化知识,培养语感,积淀素养。

英语组"STR"模式阅读课型实操:

Step1:输入信息（词汇诵读,头脑风暴）

① Look 看——通过图片与背景影片积累主题词汇。

Step2：整体理解（小组合作，展示交流）

② Speak 说——小组合作讨论阅读文本主题并选出发言人。

③ Think 思——分小组思考文章结构,画出思维导图。分析疑难词汇、难懂句子，展示交流。

Step3：输出信息（尝试应用）

④ Read 读——分小组齐读，分角色读，全班齐读。

⑤ Retell 复述——最后按照思维导图与关键词汇分小组复述段落，或是完成课堂词汇检测题。

Step4：课外阅读

"学一带四"——完成每单元每篇阅读主体文本学习后，在导练案中设计同主题下课外阅读材料四篇,题目形式可以是 2 篇阅读理解 +1 篇（七选五）+1 篇完形填空，或是 2 篇阅读理解 +1 篇（语法）+1 篇完形填空，可以按照高考题型任意组合，但最好是同主题四篇，方便学生进行同主题词汇归纳与拓展。

四、物理"三步、'四核'、三呼应""STR"课堂教学模式

（一）教学理念

以《武汉市常青第一中学"STR"教学模式》为基础，强化教师作为教学的组织者、引导者、合作者的角色地位，突出学生的主体性，构建学习中心课堂，培养学生的自信心、自学能力、团队精神、自我管理能力、强烈的求知探索能力、出色的语言和口头表达能力,凸显物理自然学科的特性，培养学生对物理学习的兴趣和加强学科的学习信心，并从物理观念、科学思维、科学探究和科学态度与责任四个维度为学生的终身学习和长远发展奠定坚实基础。

（二）教学环节

"STR"课堂学习环节有五个，即：自主学习（质疑存难）、小组合作（互教互学）、展示交流（答疑解难）、尝试应用（形成技能）、达标检测（总结反馈）。其中自主学习、达标检测在课堂以外的时间落实。课堂教学主要落实"小组合作、展示交流、尝试应用"这三个环节。

根据物理学科特点，物理"STR"课堂教学环节的模式为"三步、'四核'、三呼应"，具体要求如下：

课堂环节	时间	教师要求	学生要求
小组合作 （三步） 情境导入 问题驱动 学科活动	5分钟	①通过生活情景、实验情景、学生作业再现或利用信息技术提供视频图片等引入授课内容 ②由教师提出或布置问题，激发学生思考 ③观察各小组的讨论情况，对展示小组情况进行确认	
展示交流 （"四核"） 物理观念 科学思维 科学探究 科学态度与责任	30分钟	①及时提醒上台展示的学生注意细节（如台风、语言、板书等） ②及时对展示学生进行评价，多鼓励、多表扬 ③对学生讲解不清楚的问题给予点拨和帮助；某些基于新知识，需要引申拓展的知识点，老师进行二次提问和讨论展示 ④引导学生从物理观念、科学思维、科学探究、科学态度与责任四个维度的核心素养对新课内容进行梳理总结	
尝试应用 （三呼应） 呼应课题的导入 呼应学生表现 呼应课堂生成	5分钟	①引导学生对课堂上导入的情景和驱动的问题精心回应 ②对展示的同学和小组进行点评回应 ③为本节课设计应用问题并及时解决，设计一个思考题作为拓展 ④引导学生总结，并布置课后练习	

（三）物理学科"STR"环节解读

体现学生主体性的"STR"课堂要求以学生和学习为中心。以学生为中心，教师高度关注学生的学习状态，如情绪状态，参与状态，互动状态，思维状态，生成状态；以学习为中心，教师尽可能让学生能动、独立地学习，自主学习成为学生学习的基本状态，并让这种状态的学习占据主要的教学时空，教师的作用是激发、引导、组织，将学生的个体（自主）学习、小组（互动）学习、全班（共享）学习等不同的教学组织形式结合起来，打破传统教学中教师讲、学生听的格局。

凸显物理学科特点的物理学科"STR"教学模式，首先遵循学生主体性课堂的一切要素，同时针对学科特点，有如下设计：

1. 课前自主学习

学生通过导学案先自学，然后梳理出自己存在的疑惑，为有效的课堂教学做准备，也为老师明确重点。同时，老师也通过学生的导学案进行二次备课，根据本节课的内容体系并结合学生错误比较多的点进行归类，梳理出知识清单，重新去设计课堂教学流程和教学重点。根据设计的问题，结合难易程度在课前进行安排，容易的问题可直接在课堂提出，并设置抢答环节，提高学生在"STR"课堂上的积极性；需要深入讨论的问题要在课前进行布置，让学生能在课下深入讨论，课前有所准备。

2. 三步：三步主要在小组合作环节

第一步是情境导入：物理是一门自然科学，是一门实验学科。在新授课中是应用真实的自然生活情景、实验情景或利用信息技术展示视频、图片、动画（在习题课中则可以针对学生的导练案的作业以图片的形式展示，或将出现的问题情形归纳展示）激发学生学习兴趣，诱发学生学习动机，调动学生的情绪状态。

第二步是提出问题：通过综合同学们的自主学习的思考、疑惑、问题，结合本节课的学习内容，课堂上将课题和需要解决的几个核心问题明确展示在黑板上，引导学生进入思维状态。

第三步是学科活动：通过学生自主选择或教师布置任务，组织学生进入参与状态，将学生的自主探究和小组的合作探究结合起来进行有物理特色的学科活动，小组成员相互讨论进入理论探究活动或实验探究，进入到学习的互动状态。

三个步骤，环环紧扣，步步为营，在完成"STR"课堂教学环节小组合作的过程中，学生已经迅速地深层次地进入了物理课堂的学习状态。

3. "四核"："四核"主要体现在"STR"课堂的展示交流环节

物理学科核心素养是当前物理课程改革的关键词，所谓物理学科核心素养，就是学生通过物理学科学习而逐步形成的正确价值观念、必备品格和关键能力。物理学科核心素养主要包括物理观念、科学思维、科学探究、科学态度和责任四个方面。

"一核"：物理观念主要包括物质观念、运动观念、相互作用观念、能量观念及其应用等要素。

在新授课上，在对物理概念和物理规律的展示交流中，教师引导学生注重物理概念和物理规律的形成过程；在习题课中，引导学生在讲解的时候从物理的视角分析问题。在这个环节可以渗透物理观念的核心素养。

"二核"：科学思维主要包括模型建构、科学推理、科学论证、质疑创新等要素。

物理需要很多的科学推理，在科学论证和质疑创新的基础上构建物理模型。解决物理问题的过程，就是将物理情景模型化，将物理模型规律化、论证分析数字化、数学结果物理化的过程。在新授课中，在学生展示的环节，引导学生对导入的情景进行科学推理和科学论证，构建物理模型，用物理的语言去表达，在习题课中，还要引导学生大胆质疑提出创新的见解和主张，在此过程中培养学生的科学思维。

"三核"：科学探究主要包括问题、证据、解释、交流与合作等要素。

科学探究素养中提出科学问题、形成猜想和假设、设计实验与制订方案、获取和处理信息的过程主要在理论探究特别是实验探究环节，但是基于证据得出结论并作出解释，以及对科学探究过程和结果进行交流、评估、反思的能力却在展示交流环节处于重要地位。在完成小组合作后，在新授课中，特别是实验课型或者课堂的小实验，可以请学生详细说明探究的整个过程，或者学生合作演示实验的整个过程；在习题课上，对一些探究性的问题或者实验题的讲解，都可以围绕科学探究的核心素养来进行引导。

"四核"：科学态度与责任主要包括科学本质、科学态度、社会责任等要素。

整个"STR"课堂展示环节实际上就是培养科学态度与责任的过程。学生有展示交流的动力和欲望，就一定具有学习和研究物理的好奇心与求知欲；学生要正确地展示交流，就会更严格地要求自己正确认识科学的本质；能基于证据和逻辑发表自己的见解，实事求是，不迷信权威；学生要更精炼规范地口头表达或书面表达，比如新授课的黑板板书，比如习题课的解题规范，就必须有更严谨的科学态度。

教师在展示交流环节要提醒学生有良好的台风，严谨的推导过程和规范的板书，让学生可以在板书中提炼出核心思想。同时，老师及时进行评价，针对展示交流的环节在需要的情况下适当引申并提问，用问题驱动学生思考，并进行二次讨论和展示交流，讨论介绍过程需进行师生评价，生生互评。

老师也应该要求学生关心国内外科技发展现状与趋势，了解物理研究和物理成果的应用，结合我们的教材内容做一些拓展的讲解，或者教师做一些拓展的补充，同时向同学们渗透应遵循道德规范，认识科学技术与社会环境的关系，具有保护环境、节约资源、促进可持续发展的责任感。

4. 三呼应：三呼应主要在尝试应用环节

一是课堂结构上的首尾呼应。

课题引入通过情境导入提出了问题，课堂展示分析解决问题，课后应该反思总结问题的解决之道，从而对情景再现做出科学合理的剖析，让学生尝试应用所学的知识解决问题，从而更有获得感、成就感、价值感。

二是对课堂所有展示的学生和小组的呼应。

总结点评课堂上展示、质疑的学生或在小组活动中表现突出的小组，虽然已有积分记录和及时的点评激励，但最后的总结点评不可或缺，能激发学生进一步学习的兴趣、信心、激情。

三是对课堂生成的呼应。

课堂最后，引导学生做归纳和总结，在学生自主总结后老师进行点评升华，使学生自觉进入生成状态。老师也可利用信息技术辅助总结本节内容，此时再加上一道即学即用的巩固题，或是一道应用拓展的思考题，会让学生感受到余味悠长，学无止境，又进入探究下一个问题的情绪状态。

（四）达标检测

完成相关练习。

五、化学基于真实情景的问题解决式"STR"课堂教学模式

（一）教学理念

按照《普通高中化学课程标准（2017年版）》的要求，培养学生的化学学科核心素养，包括"宏观辨识与微观探析""变化观念与平衡思想""证据推理与模型认识""证据推理与模型认知""科学探究与创新意识""科学态度与社会责任"五个方面。以《武汉市常青第一中学"STR"课堂教学模式实施方案》为依托，通过建立科学高效的课堂教学模式，提

高课堂教学质量，并使全体学生自主、和谐发展，为学生终身发展奠定基础。

（二）操作流程

"STR"课堂教学环节有五个，即：自主学习（质疑存难）、小组合作（互教互学）、展示交流（答疑解难）、尝试应用（形成技能）、达标检测（总结反馈）。其中自主学习、达标检测在课堂以外的时间落实。课堂教学主要落实"小组合作、展示交流、尝试应用"这三个环节。

（三）化学"STR"课堂模式为"基于真实情景的问题解决式教学"

1."基于真实情景的问题解决式教学"的核心

（1）注重真实问题情境的创设，这些真实的问题促使学生讨论交流，体会化学学科的社会价值。

（2）注重基于"解决问题"展开"素养为本"的教学，学习任务是连接核心知识与具体知识点的桥梁和纽带，是实现知识结构化的重要环节。通过教师设计的若干学习任务，发挥学习任务、解决问题的素养导向功能。

（3）注重认识思路的结构化和显性化。结构化决定了素养发展水平，显性化能使知识迁移，触类旁通。

（4）注重"教、学、评"一体化，在"STR"模式的背景下，实现了个人自评、组内互评、组间互评、教师评价等多种类、多角度评价方式，做到了生生互动、师生互动、组组互动，通过集体交流，互相启发，不断巩固学生对知识的理解和掌握。

2. 模式解读

教与学环节		时间	学生要求	教师要求	化学学科特色内容
课前	自主学习		①自觉、主动、独立完成导学案、导练案 ②提出疑问	①提前1~2天（视情况而定）发放编制好的导学案、导练案，并提出具体的自学要求 ②批改学生的导学案、导练案，进行二次备课	导学案的编写： ①可结合课本上的"资料卡片"等相关内容 ②导学案可添加指导学生学习方法的内容 ③导学案设置的活动需有承前启后的作用 学生课前自主学习： ①课前可带领学生做简单的相关实验，或观看相关视频、微课，以达到预习的目的 ②课前可让学生收集本课时相关化学资料和信息，如有问题可课上交流、讨论
课堂环节	小组合作	5分钟	①组内分工合作，确保每位学生参与其中 ②确定发言人	①反馈导学案完成情况 ②布置学习任务，评价任务 ③观察小组讨论情况，可提示，引导学生 ④讨论结束时确定好展示小组	可背诵上节课所讲重点知识点、公式等，或报相关化学方程式的听写。可小组比拼。 课中： ①关键实验可做演示实验或播放实验视频 ②学生在旧知识的基础上对新知识进行必要的整理，让学生构建知识网络，并小组展示 ③引入时下热点，或创设生活中的情景，将化学与生活联系起来，让学生带着目的探索 ④运用项目式教学或任务驱动式教学，基于真实情景将知识点运用 ⑤灵活整合化工流程、专利、文献等内容，穿插学科前沿知识，充分体现教学中的"Research"

续 表

教与学环节		时间	学生要求	教师要求	化学学科特色内容
展示交流		30分钟	①各小组发言人阐述自己对问题的观点和见解，可提出本组在合作学习过程中遗留的疑难问题和生成的新问题 ②其他组的同学认真倾听，做好笔记，可补充、质疑	①提醒学生注意细节，如站姿、板书、音量等 ②对学生讲解不到位的知识点进行补充，对重要知识点可适当拓展 ③对参加讲解、质疑的学生给予及时鼓励、赞扬	
尝试应用		5分钟	①对本节课所学知识进行归纳、梳理，整理笔记 ②试着应用本节所学知识解决其他类似问题	①总结本节课的主要内容，实现知识的"结构化"和"显性化" ②启发学生应用本节课所学知识解决其他类似问题	
课后环节			学生独立完成导学练案	教师逐个进行批改，确定需要重点讲解的内容	①课后练习需紧扣本书本课后习题 ②可添加相关知识的课后调查，扩展学生视野

159

3."基于真实情景的问题解决式教学模式"具体操作

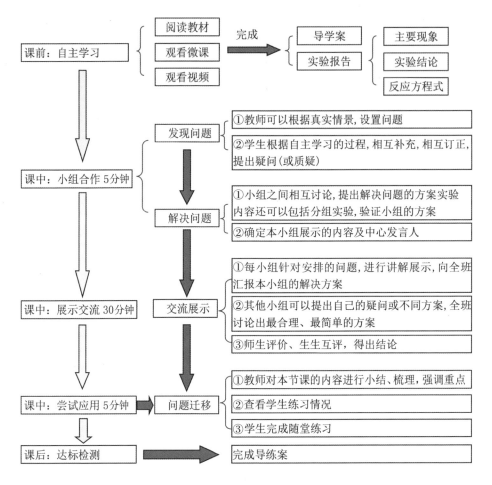

在化学教学中,将基于真实情景的问题式教学贯穿于"STR"各个环节,能充分发挥学生的主体地位,调动课堂气氛,提高学生参与度,提高学生的表达能力和解决问题的能力,培养学生科学探究和创新意识的核心素养,因此,基于真实情景的问题式教学与我校的"STR"教学模式在化学教学方面具有先天的统一性。

同时,在课前自主学习中,对一些以记忆背诵为主的内容(如:主要现象、物质性质、主要用途等),教师在课堂上可以不再重复讲解,一一板书，节约出来的时间能在一定程度上保证教学进度的完成。

六、生物"三步五核、问题驱动""STR"课堂教学模式

为了进一步落实学校《武汉市常青第一中学"STR"课堂教学模式》的文件精神，提高教与学的高效性，推进教学质量的全面提升，生物教研组每一位教师积极地进行"STR"模式下课堂教学的探索和总结，向课堂要规范，向课堂要质量，向课堂要提升，进而提炼出具有生物学科特色的"STR"课堂教学模式："三步五核、问题驱动"。下面就生物学科教学中常见的两种课型加以说明。

（一）新授课教学模式

1. 教学三步骤

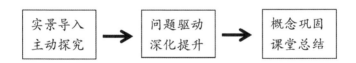

2. 五个核心要点

在三个教学步骤的进程中，要注意 5 个核心要点的落实，总结为"导、思、展、评、总"，从而促进学生的主动学习，发展学生的生物学科核心素养。具体介绍如下：

（1）实景导入、主动探究（5 分钟）。

"导"：生物学科与生活联系比较紧密，教师根据课题的特点和学生实际情况，设计一个恰当的情景，导入新课，把学生的思维自然而然地引入新知识的获取当中，能充分激发学生的学习兴趣和探究知识的欲望，积极主动地接受课题的探究。需要注意的是：导入的时间不能太长，情景和问

题不能远离学生的生活实际和实际水平，呈现的问题让学生感到可望也可即。

"思"：在"导"的基础上教师提出问题启发学生思考，将问题通过 PPT 呈现在学生面前，让这些问题通过学生间的互助学习，得到最大限度的解决。问题的来源有：一是本节课的核心概念、原理和方法；二是导学案中的探究问题；三是二次备课中学生出现的错误和疑惑。

（2）问题驱动、深化提升（25～30分钟）。

"展"：在自主学习、互助交流的基础上，以问题为主线，小组代表上台发言，展示讨论的结果及解决问题的思路，做到仪态大方，表述清晰，逻辑严密，也可阐述本小组可能仍然没解决的问题或疑惑。

"评"：其他小组点评展示小组的发言，并提出问题和补充，展示小组做出解答和解释，进而培养学生自主发现问题、解决问题的能力，深化对知识的理解。教师对学生提出的疑难问题进行点拨和解析，帮助学生解决那些通过自主学习和合作学习仍不能解决的问题。同时，有些问题虽然学生没有提出疑义，但学生有可能出现错误认识而自己没有发现，教师对这样的问题也应做出必要的点拨和讲解。

（3）概念巩固、课堂总结（5分钟）。

"总"：教师以概念图的形式对本节课进行总结，让学生进一步明确本节的重难点。并给学生一定的时间，把本节所学知识的笔记进行整理，强调回归教材。

（二）习题课教学模式

1. 教学三步骤

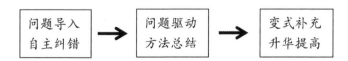

2. 五个核心要点

在习题课中,同样也要注意"导、思、展、评、总"5 个核心要点的落实,但侧重点与新授课不同。具体介绍如下:

（1）问题导入、自主纠错（5 分钟）。

"导"：教师在课前通过批阅导练案,充分了解学生的答题情况,并在 PPT 上公布出每道题的正确率,方便学生有针对性地讲评。

"思"：学生就自己的答题情况,思考每道错题的出错原因,如：基础知识掌握不牢;审题不仔细;计算有失误;做题不规范;解题能力不够等。并以小组为单位讨论解决问题的思路和办法。

（2）问题驱动、方法总结（20～25 分钟）。

"展"：通过智慧黑板,把学生出错率较高的问题投屏在黑板上,让部分出现比较典型错误的学生讲出他们当时的解题思路,把他们的问题暴露出来。同时,也阐述小组讨论中对题目的重新解答。

"评"：这个环节和新授课比较类似,其他小组认真倾听发言,对展示小组的发言进行点评和总结,并会生成新的问题。同样,教师担任"引导者"的作用,对学生通过自主学习和合作学习仍不能解决的问题做出点拨和讲解,且必要时进行方法的指导和总结。

（3）变式补充、升华提高（10～15 分钟）。

"总"：习题课中本环节应侧重于变式补充,对典型错题设计几个类似训练题,难度可以有所提高,要求学生当堂完成,考查学生的落实情况和思维拓展能力。

七、政治"四定、三环节、六步走""STR"课堂教学模式

（一）教学理念

2018 年教育部颁布的高考政治大纲提出："课程教学与评价,以课程

标准为依据，以发展思想政治素养为主导，要运用多种教学方式、方法，引导学生自主学习、合作学习和探究学习，强调学习活动体验是其思想素养发展的主要途径，要将过程性评价与终结性评价相结合，着重通过解决情景化问题的过程与结果，评估学生所表现出来的思想政治素养发展水平。"这一指导性要求，与我校推行的"STR"课堂教学模式不谋而合。"STR"教学特征突出"体验、感悟、建构"，充分发挥学生主体作用，体现学生主体地位。我校教师根据高考政治大纲提出的要求，以"STR"教学模式为依托，在教学中注重对学生的引导和启发，将具有一定的抽象性、与学生的生活相隔较远的枯燥的书本理念融合到鲜活的时代特征中，让学生更好地理解授课内容，使学生形成缜密的政治思维，在分析事物的形成与发展时，能够有自己的观点，并且有适当的平台去表达出来，提高学生政治素养。

（二）操作流程

"STR"课堂教学环节有五个，即：自主学习（质疑存难）、小组合作（互教互学）、展示交流（答疑解难）、尝试应用（形成技能）、达标检测（总结反馈）。其中自主学习、达标检测在课堂以外的时间落实。课堂教学主要落实"小组合作、展示交流、尝试应用"这三个环节。政治"STR"课堂为"四定，三环节，六步走"模式，具体内容如下：

1.备课以"四定"思想编制导学案、导练案

知识体系——定内容。每节"STR"课前，借助自主扫描，主干知识呈现，突出完整的知识体系，选取符合高考中对学生知识要求的基础性特点。即基本知识、基本素养（包括全面合理的知识结构、扎实灵活的能力要求、健康健全的人格素养）。

核心素养——定方向。政治学科最突出的特点，除了与其他学科立德树人这一高考核心立场相同外，更加关注学生的政治认同、科学精神、法

制意识、公共参与（在"STR"课堂学生互动交流、思想表达中得以完整体现）。

互动探究——定重点。在老师引领、启发下，学生通过小组学习，课堂展示，将核心主干知识进行梳理，对重难点、易错点精准把控，走出困境，收获自信。

命题感悟——定能力。在"STR"课堂的关键环节，学生通过模拟高考训练题，展示其观察现象、主动灵活地运用所学知识、分析解决实际问题、学以致用、理论联系实际能力及实践能力，同时，学生独立思考，批判性、创新性思维方式也会呈现出来。

2. 课堂教学以"三环节，六步走"模式组织开展（分为导学案、导练案两种课堂）

A. 导学案

课堂环节	时间	教师要求	学生要求
课堂导入	5分钟	①课堂三问，回顾旧知 ②设问研讨，开展新知（教师针对导学案中的疑难点提炼出四到五个问题） ③任务分解，提高效率（可以采取抢题方式让学生认领问题）	①准确记忆知识 ②积极思考问题
展示交流	25分钟	①小组交流：明确任务，确定提纲和发言人 ②班级交流：教师在学生进行了小组交流的基础上，组织班级交流展示，交流的主要内容是重难点问题，其他小组成员在听取别的小组同学的交流后，可以随时谈自己的看法、意见和建议，教师也要不失时机地进行指导和点拨	①主动参与，大胆展示 ②认真倾听，敢于质疑
尝试应用	10分钟	检测总结。教师根据本节课的学习目标、教学内容设计当堂检测，检查学生学习效果，通过巡视，了解哪些同学真正做到了"堂堂清"，并可以采取教师总结和师生总结的方式，对本课内容形成完整的知识结构和体系	①形成知识体系 ②开始独立完成课后作业

B. 导练案

课堂环节	时间	教师要求	学生要求
小组合作	10分钟	①公布答案：教师在课前把导练案交给学科代表，发给学生以便学生订正 ②总体分析：教师简要总结导练案中完成的总体情况 ③自主纠错：让学生针对自己导练案中出现的错误进行自我纠正 ④小组交流：学生在自主纠错的基础上，针对自己改错的收获、感想、体会，特别是自己无法解决的问题，在自己的学习小组内进行交流	①组内合作，交流讨论 ②商定展示发言人
展示交流	20分钟	班级交流：教师在学生进行了小组交流的基础上，组织全班学生进行交流，交流的主要内容是本组同学的改错收获和不能解决的问题，其他小组成员在听取别的小组同学的交流后，可以随时谈自己的看法、意见和建议，教师也要不失时机地进行指导和点拨	①主动参与，大胆展示 ②认真倾听，敢于质疑
尝试应用	10分钟	总结：在学生自主纠错、合作交流、班级交流的基础上总结，可采用以下两种方式： a. 教师点拨：对于难度较大的问题，教师快速确定讲的内容，抓住要害，讲清思路，并由个别问题上升到一般规律，以起到触类旁通的教学效果，使学生在教师指导下归纳出新旧知识之间的内在联系，建构知识网络，从而培养学生的分析能力和综合能力 b. 学生总结：可以让学生回顾整堂课内容，并做出小结，达到对整堂课知识的巩固	①形成知识体系 ②整理好课堂笔记和错题 ③开始独立完成课后作业

八、历史"四步学习法""STR"课堂教学模式

（一）指导思想

全面贯彻新课改精神，积极推进教学方式改革，落实《武汉市常青第一中学关于建设研究型学校的实施方案》和《武汉市常青第一中学"STR"

课堂教学模式实施方案》，积极建设研究型学习课堂，使全体学生全面发展、和谐发展，为学生终身发展奠定基础。

（二）工作目标

通过历史学科"STR"课堂教学模式的推进，转变传统教学方式，重新定位教师和学生在课堂的角色，实现课堂教学从以"教"为主到以"学"为主转变，进一步提高学校历史学科的教学质量，促进学生全面发展。

（三）历史学科"STR"课堂教学模式

历史学科的"STR"课堂教学分为五个环节：自主学习（质疑存难）、小组合作（互教互学）、展示交流（答疑解难）、尝试应用（形成技能）、达标检测（总结反馈）。

1.课前自主学习

"STR"教学模式实施的前提是一份高效的引导学生自主学习的导学案。历史学科的导学案主要包括五个部分：①学习目标和重难点指引；②教材导读；③知识链接；④合作探究；⑤我的疑惑。其中，"知识链接"是对教材的拓展和延伸，因为各地区采用的历史教材的版本并不相同，高考命题只依据课标和考纲，所以在教学中不能拘泥于教材内容，每节课都需要有对重要历史概念和历史现象进行适度补充。"合作探究"是教师根据本节课重难点内容并结合历史学科素养所设计的材料阅读、分析题，是最能培养学生学习能力和学科素养的部分，也是上课小组讨论和展示交流的主要内容。

导学案收上来后，教师要认真批改导学案，进行二次备课，将学生在导学案中出现的问题以及学生在自学中提出的疑惑进行整合，重新设计上课时需要解决的问题，基本确定学生讨论展示的问题和教师点拨的方向。

2. 课堂教学过程

（1）默写回顾、基础达标（5分钟）。

新课标要求："学生通过历史课程的学习，掌握必备的历史知识。"对基础知识的识记是开展历史学习的基础，结合我校多年来历史教学的实践，以及其他同层次学校的经验，历史组一致认为用默写方式检测学生基础知识、夯实基础是必要的。

（2）小组合作、设问研讨（5分钟）。

以小组为单位进行合作学习。这一环节，教师根据二次备课的设定，布置任务，即要研讨的问题，一般是四五个问题，然后各小组进行组内合作交流，并确定发言人。

（3）展示交流、互学点拨（25分钟）。

这一环节由各组发言人进行展示，师生共同探究，促进学生能力提升。发言者要求台风大方，讲解必须要点化，并伴有精炼的板书；倾听者要认真倾听、大胆质疑、敢于提出自己的不同看法；教师点拨主要是对展示同学进行评价，对某些地方适当进行补充和说明，并对发言同学的表述进行规范化，形成最终的参考答案，利于学生整理笔记。

（4）建构框架、尝试运用（5分钟）。

这一环节由学生自主整理本节课知识点，建构知识框架。历史学科常用的框架形式有大事年表、时间轴、曲线图、思维导图等，可采取教师抽查、同伴互查的方式确保准确率。同时布置课后作业，即本节课的背诵清单以及相关习题，背诵清单会在下节课开头进行检测。

（三）课后达标检测

（1）识记基础知识，在下堂课进行默写巩固。

（2）通过导练案的方式进行达标检测。根据学科考试的题型，历史学科的导练案主要是选择题、材料题和论述题三种题型，重点培养阅读材料、归纳提炼、分析问题、解决问题的能力。

附：历史学科"STR"教学模式基本环节

基本环节		要求	
		教师	学生
课前	自主学习	（1）一次备课：形成导学案。①学习目标和重难点指引；②教材导读；③知识链接；④合作探究；⑤我的疑惑 （2）二次备课：整合问题、预设课堂	认真阅读教学资源、独立思考、独立完成
课堂	默写回顾 基础达标 （5分钟）	针对主干知识、必备知识，设计问题精准、合理	①知识识记准确 ②语言表述专业、规范 ③书写工整清晰
	小组合作 设问研讨 （5分钟）	①布置任务 ②组织学生研讨，观察各小组学习状态、研讨氛围	①全员参与、积极讨论 ②根据讨论情况选定发言人 ③发言人做好展示准备
	展示交流 互学点拨 （25分钟）	①及时评价，以正面鼓励为主 ②适当补充和说明 ③归纳提升，规范格式和语言，形成最佳答案	①发言者台风大方、讲解必须要点化、并伴有精炼的板书 ②倾听者要认真倾听、大胆质疑、敢于提出自己的不同看法 ③做好笔记
	建构框架 尝试运用 （5分钟）	①鼓励学生选择自己喜欢的形式构建知识体系 ②观察学生构建的框架是否准确 ③展示优秀作品 ④梳理本堂课知识清单，要求学生识记	梳理本课知识点，时空定位准确，注重前后知识联系，以时间轴、思维导图等方式构建知识框架，并与同伴分享互查
课后	达标检测	精选习题，重点训练学生答题能力	①及时复习巩固本节课的基础知识点 ②对基础的记忆要准确、理解要充分 ③答题格式规范、要点化，书写工整

九、地理"图文导学""STR"课堂教学模式

（一）教学理念

　　教育部颁发的地理新课程标准明确指出，要以培养学生的学科核心素养为新阶段地理课堂教学的基本目标。所以教师要在充分研究新课标的前提下，不断更新自己的教学理念，创新教学模式，以培养学生的学习能力为基本出发点，帮助学生学会地理，提高学生学习地理的能力，构建勇于探究，互动合作的课堂教学新模式。

　　地图是地理学的第二语言，是学习地理的重要工具。中学地理的教与学都离不开地图，必须重视地图。识图、用图也是地理学科最重要的基本技能。高中地理教材中有着丰富多彩的各种类型的插图，与文字配合，使教材内容的呈现更加直观、形象、生动。学习时，不论是自然地理还是人文地理，都要重视图的学习和运用，采用图文结合的方法，才能更好地认识、理解和掌握各种地理事物和现象、地理规律和原理，使地理易懂易学、好记好用。这些图像，直观、形象、生动，对学生了解地理事物的表象特征，掌握地理事物的空间分布规律，进而分析地理事物各要素之间的内在联系，起到文字内容无法替代的作用；同时对激发学生学习兴趣，改进学习方法，提高学习效率也有重要作用。

　　因此，以《武汉市常青第一中学"STR"教学模式》为依据，结合地理学科的特色和教学实践经验，我校地理教师在教学中尝试用"图文导学"的教学模式，激发学生的学习兴趣，突出"体验、感悟、建构"的"STR"教学特征，强化教师作为教学的组织者、引导者、合作者的角色地位，凸显学生的主体作用，构建以学为中心的研究型课堂，引导学生展开分层探究，培养学生的区域认知、综合思维、地理实践力和人地协调观等地理核心素养，为学生终身学习和长远发展奠定坚实基础。

（二）操作流程

地理"图文导学""STR"课堂教学模式的教学环节有：自主学习（质疑存难）、图文导入、小组合作（互教互学）、展示交流（答疑解难）、总结提升、尝试应用（形成技能）、达标检测（总结反馈）。其中自主学习、达标检测在课堂以外的时间落实。在课堂教学环节上主要是小组合作、展示交流、尝试应用等三个环节。具体安排如下：

（1）课前环节：自主学习，质疑存难，让学生带着问题走进课堂。

导学案设计注重图文资料的合理运用，教师提前1～2天发放编制好的导学案、导练案，并提出具体的自学要求。学生依照导学案对新课内容进行认真自学。要求所有学生必须解决导学案、导练案中的基础部分，对于有一定难度，个人自学无法解决的问题，或在自学过程中发现和提出的新问题要做好标记，以备在下一个环节中解决。学生要自觉、主动、独立完成导学案、导练案。教师要鼓励学生在自学过程中发现问题，善于质疑存难。教师在上课前要批改学生的导学案、导练案，了解学生的自学情况，进行二次备课，为下一个环节的顺利实施做好准备。

（2）课堂环节：图文导入、小组合作、展示交流、总结提升、尝试应用，让学生主动参与、积极交流、参与展示、敢于质疑，培养学生地理核心素养，享受课堂。

课堂环节	时间	教师要求	学生要求
图文导入 小组合作	5分钟	图文导入、创设情境 二次备课、反馈结果 观察学生、优化预设 布置任务、提出要求	组内合作、交流讨论 认真记录、精心准备 组内商议、确定人选
展示交流 质疑评价	30分钟	提醒学生、注意细节 图文结合、综合分析 及时评价、点拨指导 适当拓展、举一反三	主动参与、大胆展示 图文分析、分层探究 注意倾听、做好笔记 积极交流、敢于质疑

续　表

课堂环节	时间	教师要求	学生要求
总结提升 尝试应用	5分钟	思维建模、小结提升 学以致用、应用提升	思维导图、归纳整理 尝试应用、反馈强化

环节一：图文导入—小组合作。

常言道：施教之功，贵在引导。因此，教师需创设能吸引学生积极主动参与的教学氛围，引导他们质疑、调查、探究、辩论，在良好的心境下完成学习过程。课堂教学导入要以最少的时间、最快的速度拉近学生与教师、学生与教材的心理距离，使学生尽快进入学习状态，因此导入时间一般应控制在2分钟之内。同时，要根据教学目标、教学内容创设能引起学生兴趣、与学生原有的认知相吻合的情境，并为本节课的研究课题服务。要直观且能迅速吸引学生的眼球，最好能结合地图创设情境。接下来，教师将二次备课的结果反馈给学生，并结合学生讨论状况，布置任务、提出要求。学生组内合作、交流讨论，同时认真记录讨论结果，精心准备展示交流。时间一般在3分钟左右。

环节二：展示交流—质疑评价。

图像印证文字，文字描述图像，二者相辅相成，不可或缺。图文并茂，图文结合，才能使地图变得易懂，文字变得有所依托，才能更好地拓展学生的创造性思维，培养学生的地理学科能力。在日常教学中，要逐步培养学生图文结合、以图释文、以文释图、以图释图、一图多思、多图并用的好习惯，实现结构同化。从而达到既减轻学生负担，又提高教学质量的目的。学生展示时，教师要善于及时评价、点拨指导，让学生学会图文分析、分层探究，还可以适当拓展、举一反三。其他同学要注意倾听，认真做好笔记，敢于质疑，善于发现问题、解决问题。

环节三：总结提升—尝试应用。

经过展示交流—质疑评价后，教师可引导学生对所探究的知识进行归纳整理,串点成网,构建整体的知识结构,对全课的知识有一个完整而全面的系统把握。此环节不只是对知识的积累和总结,更要引导学生依据原有知识及其内在的逻辑关系,通过探究、实践、推理归纳、重组等方式,挖掘本课知识的内涵与外延,实现学习的迁移,构建和创造出新观点、新理念,形成新的知识结构。学生学会以思维导图的形式进行知识的思维建模,归纳整理,小结提升。从而达到内化于心、外显于行的目的。最后,通过反馈练习,学以致用,应用提升。

（3）课后环节:拓展延伸,达标检测,让学生内化知识,提升能力,积淀素养。

每堂课的学习效果都要通过导练案的方式进行达标检测。导练案要求学生独立完成,教师逐个进行批改。备课组要提前1周集体商议确定导练案。

后　记

　　作为长期坚守在教学一线的教育工作者，我从内心一直都想尝试改变课堂教学现状，即将以教师为中心转变为以学生为中心，真正让学生成为课堂的主角，让他们能够自主学习、合作交流、主动发展，培养他们的自主学习和合作学习精神。基于这种思考，我们于2017年开始谋划建设研究型特色学校，旨在营造一种"人人善于学习，人人善于研究"的校园氛围，树立"精研尚思"的良好教风和"切问笃学"的优良学风，引导广大师生自觉通过探索解决学习上的困惑和工作中的问题，以发现知识、满足好奇、追求真理，并最终获得个人成长。经过几年的努力和实践，在常青一中全体教师的共同拼搏下，学校"STR"教学模式已初具雏形，学校教学质量不断攀升，改革成效显著。

　　研究型学校建设的核心任务就是要打造研究型学习课堂（"STR"课堂），即要突出学生的课堂主体地位，让教师成为学生学习的策划者、组织者、促进者和引导者，从根本上改变学生的学习方式。本书凝练了学校在开展"STR"课堂教学改革、推进新课程新教材实施方面的一系列研究成果，从理论层面总结了学校在普通高中育人方式变革背景下开展的大量教学实践探索，全书共包含五个部分的内容。

　　第一章主要是对我校推行的"STR"课堂教学模式从背景动因、内涵特点、理论基础和实践创新四个方面进行解读。

　　第二章重点阐述了"STR"课堂教学模式对于改变学校课堂生态、丰富学校制度文化、促进学校优质发展等方面所发挥的作用。

第三章主要从"STR"课堂教学模式促进学生核心素养发展的角度，介绍了学校在变革学生学习方式方面的具体做法。

第四章重点阐述了在推行"STR"课堂教学模式背景下教师应该具备的核心素养以及学校在推进教师队伍建设方面的具体举措，总结提炼了具有我校特色的教师专业发展路径。

第五章主要介绍了学校层面推进教学创新方面的主要做法和取得的成效以及各学科教研组在教学实践中提炼出的具有学科特色的"STR"课堂教学模式，该研究成果和典型经验具有一定的推广价值，可供同类学校借鉴和参考。

本书借鉴选用了国内外学者和本校教师的一些研究成果和实践案例，撰写过程中得到了徐锋、张锐、胡倩、胡利梅、郑敏、谌述涛、高成方、潘雄风、王建芸等同志的帮助，在此向他们一并表示感谢！由于作者水平有限，加之本书成稿时间仓促，难免存在不足之处，恳请读者批评指正。

魏义华

2021 年 4 月 7 日